일본인이 가장 많이 쓰는 일본어 표현 300 Vol.2

임승진 & 미즈하라 유우 지음

바이링구얼

preface

시중의 일본어 교재를 둘러보면 아주 반듯한, 어떻게 보면 약간은 딱딱한 일본어를 가르쳐 주는 책이 많습니다. 그래서 책에 나와 있는 대로 일본인에게 사용하면 어색하게 들리는 경우가 종종 있지요. 반대로 일본 드라마나 영화에서 자주 등장하는 말은 사전을 찾아봐도 그 뜻이 나오지 않기도 합니다. 실제 일본에서는 아주 많이 쓰이는 말인데도 말이죠.

이렇게 책과 현실의 언어에는 분명히 차이가 있고, 이제 그 차이를 조금이나마 줄여 보려고 합니다. 《일본인이 가장 많이 쓰는 일본어 표현 300 Vol. 2》는 전권에 이어 예전부터 지금까지 일본인이 즐겨 사용하는 관용표현부터 요즘 세대 젊은이들이 많이 사용하는 유행어까지 두루 소개합니다. 학습하기 쉽도록 하루에 5표현씩 45일 동안 총 225개의 표현을 익히도록 구성하였습니다.

이 책은 한국인이 잘 모르는 표현을 최대한 많이 소개하고, 보다 일본어다운 문장을 선보이기 위해서 한국인 저자와 일본인 저자가 함께 집필하였습니다. 예문은 주로 친근한 사이에 쓰는 어투가 중심을 이루고 있지만, 예문의 내용에 따라 존경어가 나오기도 합니다. 부디 이 책이 여러분의 일본어 학습과 일본 문화 이해에 큰 도움이 되기를 진심으로 바랍니다.

composition & feature

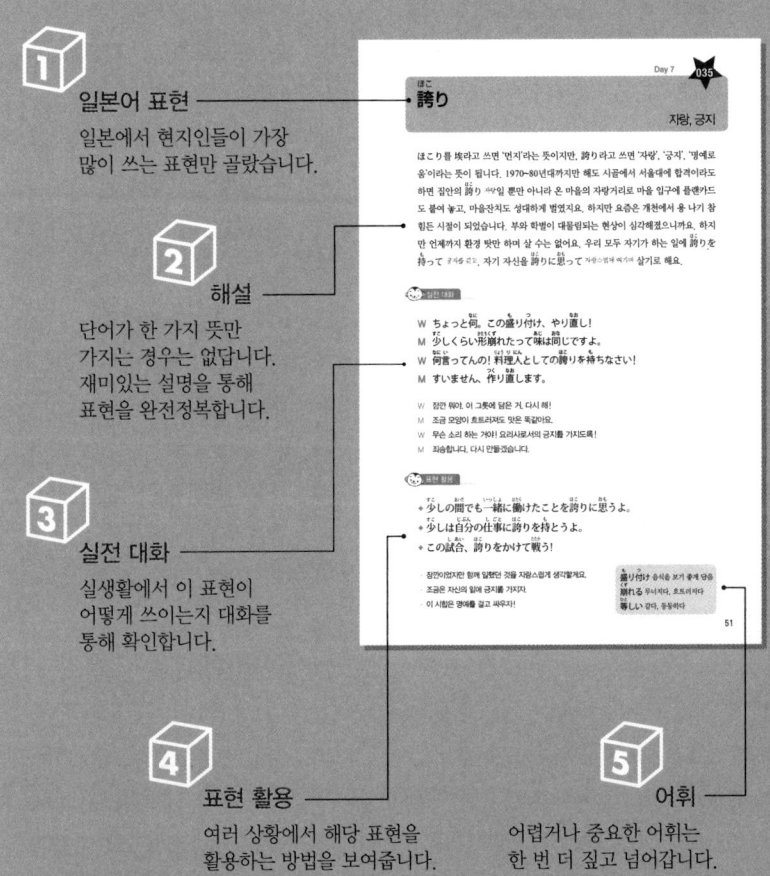

1. 일본어 표현
일본에서 현지인들이 가장 많이 쓰는 표현만 골랐습니다.

2. 해설
단어가 한 가지 뜻만 가지는 경우는 없답니다. 재미있는 설명을 통해 표현을 완전정복합니다.

3. 실전 대화
실생활에서 이 표현이 어떻게 쓰이는지 대화를 통해 확인합니다.

4. 표현 활용
여러 상황에서 해당 표현을 활용하는 방법을 보여줍니다.

5. 어휘
어렵거나 중요한 어휘는 한 번 더 짚고 넘어갑니다.

Contents

DAY 1
- 01 ご自由に 좋을 대로, 마음대로 ... 11
- 02 その通り 바로 그거야, 그대로 ... 12
- 03 おかげさまで 덕분에 ... 13
- 04 お気遣いなく 염려하지 않으셔도 돼요, 신경 쓰지 마세요 ... 14
- 05 ご無沙汰 오랜만이야 ... 15

DAY 2
- 06 どちらかといえば 어느 쪽이냐 하면 ... 17
- 07 何から何まで 하나부터 열까지, 여러모로 ... 18
- 08 ダメ元で 밑져야 본전이니 ... 19
- 09 朝っぱらから 이른 아침부터, 아침 댓바람부터 ... 20
- 10 ご想像にお任せします 상상에 맡기겠습니다 ... 21

DAY 3
- 11 すっきりした 후련하다, 개운하다 ... 23
- 12 また始まった 또 시작이네 ... 24
- 13 ここだけの話だけど 우리끼리 하는 얘긴데…… ... 25
- 14 一言多い 말이 많네 ... 26
- 15 理屈じゃないんだよ 논리대로 되는 일이 아니야 ... 27

DAY 4
- 16 早い者勝ち 먼저 한 사람이 임자, 선착순 ... 29
- 17 猫の手も借りたい 엄청 바쁘다 ... 30
- 18 一肌脱ぐ 발 벗고 나서다 ... 31
- 19 汗水流す 땀 흘리며 열심히 일하다 ... 32
- 20 猫をかぶる 내숭을 떨다 ... 33

DAY 5
- 21 きれい事 허울 좋은 말 ... 35
- 22 陰口 뒷담화, 험담 ... 36
- 23 口答え 말대답, 말대꾸 ... 37
- 24 独り言 혼잣말 ... 38
- 25 下ネタ 음담패설 ... 39

DAY 6
- 26 言い掛かり 트집 ... 41
- 27 嫌がらせ 괴롭힘, 짓궂은 말이나 행동 ... 42
- 28 心当たり 짚이는 데, 짐작 가는 곳 ... 43
- 29 知らんぷり 시치미를 뗌, 모르는 척 ... 44
- 30 丸見え 죄다 보임, 훤히 다 보임 ... 45

DAY 7
- 31 気配 기색, 기미 ... 47

32	気のせい 기분 탓	48
33	気の毒 딱함, 가엾음	49
34	好み 좋아함, 취향	50
35	誇り 자랑, 긍지	51

DAY 8

36	人見知り 낯가림	53
37	顔見知り 안면이 있음, 아는 사이	54
38	見ず知らず 일면식도 없음, 생면부지	55
39	見覚え 본 기억	56
40	縁もゆかりもない 아무런 관계도 없는	57

DAY 9

41	無邪気 천진함, 순진함	59
42	能天気 경박하고 분별이 없음	60
43	のんき 무사태평	61
44	不器用 서투름	62
45	不気味 기분이 나쁨	63

DAY 10

46	チャラい 경박하다, 싼 티 나다	65
47	せこい 쩨쩨하다, 약았다	66
48	たくましい 씩씩하다, 늠름하다	67
49	鈍くさい 굼뜨다, 느려 터지다	68
50	じれったい 답답하다, 감질나다	69

DAY 11

51	しんどい 힘들다	71
52	興味深い 매우 흥미롭다	72
53	用心深い 신중하다	73
54	むきになる 정색하다, 화내다	74
55	テンパる 다급해지다, 초조해하다	75

DAY 12

56	空気を読む 분위기 파악을 하다	77
57	気が利く 센스가 있다, 눈치가 빠르다	78
58	話が早い (말하려는 내용을) 금방 이해하다	79
59	耳が早い 귀가 밝다, 소문 입수가 빠르다	80
60	融通が利かない 융통성이 없다	81

DAY 13

61	口が滑る 말실수하다	83
62	口が堅い 입이 무겁다	84
63	理想が高い 눈이 높다	85
64	小耳に挟む 언뜻 듣다	86
65	水に流す 지난 일을 없었던 셈으로 치다	87

DAY 14

| 66 | 当てにならない 의지가 안 된다, 믿을 수 없다 | 89 |

67	お互い様 피차일반, 마찬가지	90
68	ろくでもない 하찮다, 변변찮다	91
69	欠かせない 빠뜨릴 수 없는, 불가결한	92
70	羽目になる 처지가 되다	93

DAY 15

71	手ごわい 상대하기 힘겹다, 벅차다	95
72	引き分け 비김, 무승부	96
73	取りこぼし 어이없는 패배	97
74	横取りする 가로채다, 빼돌리다	98
75	アポを取る 약속을 잡다	99

DAY 16

76	ひく 깬다, (어떤 사람에 대한) 호감이 떨어지다	101
77	愛想を尽かす 정나미가 떨어지다	102
78	虫酸が走る 신물이 나다, 역겹다	103
79	気に食わない 마음에 들지 않는다	104
80	身も蓋もない 인정미 없이 말하다, 너무 노골적이다	105

DAY 17

81	はぶる 따돌리다, 왕따시키다	107
82	見栄を張る 허세를 부리다	108
83	気取らない 젠체하지 않다	109
84	いい気になる 우쭐하다	110
85	出過ぎる 주제넘게 굴다, 나서다	111

DAY 18

86	同い年 동갑	113
87	グル 한패, 한통속	114
88	地元 그 고장, 고향	115
89	居心地 (어떤 장소에 있을 때의) 느낌	116
90	支度 준비, 채비	117

DAY 19

91	腕前 솜씨, 기량	119
92	一人前 제 몫을 하게 됨	120
93	向いてない (적성에) 맞지 않다	121
94	肩書 직함, 칭호	122
95	下っ端 말단, 지위가 낮은 사람	123

DAY 20

96	ニート 백수	125
97	コネ 백, 연줄	126
98	セクハラ 성희롱	127
99	パワハラ 직권남용, 상사의 괴롭힘	128
100	リストラ 구조조정, 정리해고	129

DAY 21

101	写メ 휴대전화로 찍는 사진, 폰카	131
102	自撮り 셀카	132
103	ガラケー 구형 휴대전화	133
104	迷惑メール 스팸 문자, 스팸 메일	134
105	暗証番号 비밀번호	135

DAY 22

106	見た目 외모, 겉모습	137
107	面食い 외모 밝히는 사람	138
108	天パ 곱슬머리	139
109	ちび 땅꼬마	140
110	リバウンド 요요현상	141

DAY 23

111	ギャル 갸루, 날라리	143
112	マッチョ 근육남, 몸짱	144
113	オネエ 여자 같은 남자	145
114	ぶりっこ 내숭녀	146
115	帰国子女 귀국자녀, 외국에서 살다 온 아이	147

DAY 24

116	グルメ 미식가	149
117	大好物 가장 좋아하는 것	150
118	味見 맛을 봄	151
119	味わう 맛보다, 체험하다	152
120	行きつけ 단골, 자주 가는 가게	153

DAY 25

121	絶品 일품	155
122	定番 스테디셀러, 늘 잘 팔리는 상품	156
123	割り勘 더치페이, 각자 내기	157
124	お持ち帰り 테이크아웃, 포장	158
125	差し入れ 새참, 간식	159

DAY 26

126	デパ地下 백화점 지하 식품관	161
127	バイキング 뷔페	162
128	レトルト 인스턴트, 즉석 음식	163
129	チャーハン 볶음밥	164
130	酎ハイ 추하이, 소주 칵테일	165

DAY 27

131	終電 막차	167
132	日帰り 당일치기	168
133	寄り道 가는 도중에 다른 곳에 들름	169
134	飲み明かす 밤새 술 마시다	170
135	オール 올나이트	171

DAY 28

136	馴れ初め 사귀게 된 계기	173
137	壁ドン 벽으로 밀치기	174
138	イチャイチャする 노닥거리다	175
139	ペアルック 커플룩	176
140	腕枕 팔베개	177

DAY 29

141	義理チョコ 의리 초콜릿, 예의상 주는 초콜릿	179
142	婚活 구혼 활동	180
143	共働き 맞벌이	181
144	バツイチ 돌싱, 한 번 이혼한 사람	182
145	訳あり 사연이 있음, 흠이 있음	183

DAY 30

- 146 ぼったくり 바가지 　　　　185
- 147 激安(げきやす) 초저가 　　　　186
- 148 お買(か)い得(どく) 득템, 싸게 구입함 　　187
- 149 賞味期限(しょうみきげん) 유통기한 　　188
- 150 万引(まんび)き 들치기, 절도 　　189

DAY 31

- 151 お小遣(こづか)い 용돈 　　　　191
- 152 お年玉(としだま) 세뱃돈, 새해 선물 　　192
- 153 仕送(しお)り 생활비나 학비를 보내줌 　193
- 154 前借(まえが)り 가불 　　　　194
- 155 散財(さんざい)する (돈을) 낭비하다 　　195

DAY 32

- 156 贅沢(ぜいたく) 사치, 분에 넘침 　　197
- 157 宝(たから)くじ 복권, 로또 　　198
- 158 大当(おおあ)たり 대성공, 대박 　　199
- 159 ブレイクする 대박치다, 갑자기 뜨다 　200
- 160 四捨五入(ししゃごにゅう) 반올림 　　201

DAY 33

- 161 連(れん)ドラ TV 연속극 　　203
- 162 動画(どうが) 동영상 　　　　204
- 163 どっきり 몰래카메라 　　205
- 164 通販(つうはん) 통신판매, 홈쇼핑 　　206
- 165 張(は)り紙(がみ) 벽보 　　　　207

DAY 34

- 166 幸(さいわ)い 다행 　　　　209
- 167 ちっぽけ 사소함, 보잘것없음 　210
- 168 穏(おだ)やか 온화함, 평온함 　　211
- 169 お手頃(てごろ) 적당함, 알맞음 　　212
- 170 台無(だいな)し 엉망이 됨 　　213

DAY 35

- 171 真(ま)っ先(さき) 맨 먼저 　　215
- 172 出番(でばん) 나갈 차례, 순서 　　216
- 173 出直(でなお)し 처음으로 돌아가 다시 시작함
　　　　　　　　　　217
- 174 元通(もとどお)り 원래대로 　　218
- 175 ありのまま 있는 그대로 　　219

DAY 36

- 176 キャバ嬢(じょう) 술집 여자 　　221
- 177 ラブホ 러브호텔 　　　　222
- 178 風俗(ふうぞく) 풍속점, 성매매업소 　223
- 179 ゲーセン 오락실 　　　　224
- 180 ぬいぐるみ (봉제) 인형 　　225

DAY 37

- 181 体調(たいちょう) 컨디션, 몸 상태 　　227
- 182 やけ酒(ざけ) 홧김에 마시는 술 　　228
- 183 人間(にんげん)ドック 종합검진 　　229
- 184 リハビリ 재활치료 　　230
- 185 しぐさ 몸짓, 동작 　　231

DAY 38
186 度胸 배짱 233
187 前向き 긍정적, 적극적 234
188 マイペース 마이 페이스, 자기만의 방식으로 행동함 235
189 手ぶら 빈손 236
190 暇つぶし 심심풀이 237

DAY 39
191 一戸建て 단독주택 239
192 わんちゃん 강아지, 멍멍이 240
193 ジャージ 추리닝 241
194 意気地無し 패기 없는 사람 242
195 弱虫 겁쟁이 243

DAY 40
196 いまいち 조금 부족함, 뭔가 부족함 245
197 真剣 진지함, 진심 246
198 自ら 스스로 247
199 万が一 만에 하나, 만일 248
200 要するに 요컨대 249

DAY 41
201 よりによって 하필, 공교롭게도 251
202 ちょくちょく 가끔, 이따금, 때때로, 종종 252
203 いずれ 어차피, 결국, 머지않아, 언젠가 253
204 むしろ 오히려, 차라리 254
205 ついでに 겸사겸사, 하는 김에 255

DAY 42
206 ちゃっかり 약삭빠르게 257
207 ガチで 정말로 258
208 ずばり 정확히, 바로 259
209 びしっと 따끔하게, 호되게 260
210 強引に 억지로, 강제로 261

DAY 43
211 弄ぶ 가지고 놀다 263
212 ほったらかす 내버려두다, 내팽개치다 264
213 思い付く 문득 떠오르다 265
214 当てはまる 꼭 들어맞다, 적합하다 266
215 申し込む 신청하다 267

DAY 44
216 庇う 감싸다 269
217 言い聞かせる 타이르다, 훈계하다 270
218 言い切る 단언하다 271
219 決めつける 단정 짓다 272
220 問い詰める 캐묻다, 추궁하다 273

DAY 45
221 見当たらない (찾는 것이) 보이지 않다 275
222 見落とす 간과하다, 못 보고 넘기다 276
223 見習う 보고 배우다, 본받다 277
224 詫びる 사과하다, 사죄하다 278
225 償う 속죄하다, 보상하다 279

DAY 1

01 ご自由に 좋을 대로, 마음대로
02 その通り 바로 그거야, 그대로
03 おかげさまで 덕분에
04 お気遣いなく 염려하지 않으셔도 돼요, 신경 쓰지 마세요
05 ご無沙汰 오랜만이야

DAY 1

ご自由に

좋을 대로, 마음대로

식당 카운터에 놓인 口直しの飴입가심 사탕을 한 움큼씩 쥐고 나오는 사람. 대형마트나 휴게실에 서비스로 설치해 놓은 전기안마기에 누워 뒷사람은 생각지 않고, 마치 자기 집 안방인 것처럼 편히 누워 즐기는 사람. 주위에 이런 사람들이 꼭 있지요. ご自由にどうぞ하고 싶은 대로 하세요, 마음 내키는 대로 하세요라고 해서, 그렇게 한 것뿐이라고 나오면 뭐 할 말은 없지만요. 공짜를 너무 밝히다간 대머리가 될지도 몰라요. 일본어로 ご自由に는 '좋을 대로', '마음대로'라는 뜻으로, 굳이 허락을 받지 않고 자유롭게 해도 된다는 의미입니다.

실전 대화

W いらっしゃいませー。新製品のご紹介中でーす。
M すいません。これ、試してみてもいいですか。
W はい、ご自由にどうぞー。
M あ、ありがとうございます。

W 어서 오세요. 신제품을 소개하고 있습니다.
M 죄송한데, 이거 시험해 봐도 될까요?
W 네, 마음껏 시험해 보세요.
M 아, 감사합니다.

표현 활용

+ トイレはその奥にあるからご自由にどうぞ。
+ 別れたいんなら私は構わないけど。ご自由に。
+ 有料ってなんだよ。ご自由にって言うから食べたのに。

· 화장실은 안쪽에 있으니까 자유롭게 사용하세요.
· 헤어지고 싶으면 나는 상관없어. 마음대로 해.
· 유료라니 무슨 소리야. 마음껏 먹으라고 해서 먹었더니.

奥 속, 안쪽
構わない 상관없다

DAY 1

その通_{とお}り

바로 그거야, 그대로

思_{おも}い通_{どお}り 생각대로, 計画通_{けいかくどお}り 계획대로 뭐든 척척 이루어지기만 한다면 얼마나 좋을까요? 通_{とお}り는 동사+通り, 명사+通り의 형태로 쓰여, '~대로', '~같이'라는 뜻을 나타내요. 그리고 その通_{とお}り라고 하면 '그대로', '그와 같이'라는 뜻으로도 쓰여, 상대방의 이야기에 맞장구를 칠 때도 자주 쓰는 표현입니다. '어라, 내 생각과 딱 맞아떨어지잖아!' 싶을 때면 살짝 흥분하며 '맞아 맞아, その通_{とお}り 바로 그거야!'라고 말하면 되는 거지요.

실전 대화

W お父_{とう}さ〜ん、みてみて。
M なんだなんだ。指輪_{ゆびわ}か。ん？まさかお前_{まえ}、プロポーズされたのか？
W その通_{とお}り！結婚_{けっこん}してください〜だって♪
M よかったな。そうか、とうとうお前_{まえ}も嫁_{よめ}に行_いくんだな。

W 아빠, 이것 좀 봐.
M 어, 뭐야. 반지냐? 응? 설마 너, 프로포즈 받았어?
W 바로 그거야! '결혼해 주세요'라면서.
M 잘됐네. 그래, 드디어 너도 시집가는구나.

표현 활용

+ 確_{たし}かにその通_{とお}りにやったけど、全然_{ぜんぜん}うまくいかなかったよ。
+ まさにその通_{とお}り！あいつ、俺_{おれ}の出張中_{しゅっちょうちゅう}に元_{もと}カレと連絡_{れんらく}とってたんだよ。
+ 実際見_{じっさいみ}たらみんなの言_いってること全_{まった}くその通_{とお}りで思_{おも}わず笑_{わら}っちゃったよ。

· 확실하게 그대로 했는데 전혀 잘 되지 않았어.
· 딱 그 말대로야! 걔, 내가 출장 가 있는 동안 전 남자친구랑 연락했더라고.
· 실제로 보니 완전히 사람들이 말하는 그대로여서 엉겁결에 웃어 버렸어.

> とうとう 드디어
> 嫁_{よめ}に行_いく 시집가다
> 思_{おも}わず 엉겁결에

DAY 1

おかげさまで

덕분에

누군가 친절을 베풀었거나 도움을 주었을 때 감사의 마음을 전하는 표현으로는 おかげさまで덕분에가 있습니다. 예를 들면 '지난번 프로젝트는 おかげさまで 잘 끝났습니다'라는 식으로 쓰면 됩니다. 그리고 이 표현은 예의상 형식적인 인사말로도 잘 쓰이는데요. 보통 'お元気ですか잘 지내시지요?'라는 인사말의 대답으로 자주 사용합니다. 그리고 비꼬는 듯 빈정대며 툭 내뱉으면 '네 탓이야'라는 정반대의 뉘앙스로, 어떤 일이 실패했을 경우 상대방을 탓하는 말투로도 사용될 수 있습니다.

실전 대화

M あ、もしかして田中さんじゃない？仕事帰り？
W はい、店長は？お元気でした？
M うん、おかげさまで。今度飲みに来てよ。
W そうします。じゃあ、また。

M 어? 혹시 다나카 씨 아니요? 일하고 들어가는 길인가?
W 네, 뭐 그렇죠. 점장님은요? 잘 지내셨어요?
M 응, 덕분이지. 다음에 한잔하러 와.
W 그렇게 할게요. 그럼, 이만.

표현 활용

+ あんたは楽しかったかもしれないけど、おかげさまでこっちは一睡もできなかったんだからね。
+ おかげさまで本日無事結婚式を迎えることができました。

· 당신은 즐거웠을지 몰라도 덕분에 이쪽은 한숨도 못 잤다고.
· 덕택에 오늘 무사히 결혼식을 치를 수 있었습니다.

> 一睡もできない 한숨도 못 자다

DAY 1

お気遣(きづか)いなく
염려하지 않으셔도 돼요, 신경 쓰지 마세요

자기 생각만 하고 남에 대한 気遣(きづか)い배려심이 없는 사람과 같이 있는 것도 불편하지만, 너무 싹싹해 과잉 친절을 베푸는 사람과 함께 있는 것도 마음이 불편하긴 마찬가지랍니다. '뭐, 굳이 그렇게까지 신경 써 주지 않아도 되는데……'라는 생각이 든다면 상대방의 권유에 お気遣(きづか)いなく신경 쓰지 않으셔도 돼요라고 말해 주세요. 물론 いいですよ됐어요, 괜찮아요라고 말해도 되지만, お気遣(きづか)いなく 쪽이 더 정중한 느낌의 표현입니다.

🐵 실전 대화

W あ、たくや君(くん)、お久(ひさ)しぶり。ご飯(はん)でも食(た)べてく?
M いえ、お気遣(きづか)いなく。ゆりさんを送(おく)っただけですから。
W そう? じゃあ、お茶(ちゃ)でも飲(の)んでく?
M いや、大丈夫(だいじょうぶ)ですよ。ほんとお気遣(きづか)いなさらないでください。

W 어머, 타쿠야 군. 오랜만이야. 밥이라도 먹고 갈래?
M 아뇨, 신경 쓰지 마세요. 유리 씨를 데려다 줬을 뿐이니까요.
W 그래? 그럼, 차라도 마시고 갈래?
M 아뇨, 괜찮아요. 정말 신경 안 쓰셔도 됩니다.

🐵 표현 활용

+ どうぞお気遣(きづか)いなく。こちらで準備(じゅんび)できますから大丈夫(だいじょうぶ)ですよ。
+ お気遣(きづか)いなくって言(い)われてもさ、何(なに)も出(だ)さないのも失礼(しつれい)じゃない?
+ お気遣(きづか)いは嬉(うれ)しいんですが、さすがに現金(げんきん)は受(う)け取(と)れませんよ。

· 아무쪼록 염려 안 하셔도 됩니다. 이쪽에서 준비할 수 있으니까 괜찮아요.
· 신경 쓰지 말라고 했다고, 아무것도 내지 않는 건 실례 아냐?
· 염려해 주시는 건 기쁘지만, 역시 현금은 받을 수 없습니다.

受(う)け取(と)る 받다

DAY 1

ご無沙汰
ぶさた

오랜만이야

ご無沙汰는 오랜만에 만나거나 연락을 취할 때 하는 인사말이에요. '연락도 못하고 격조했다'라는 뜻으로 이해할 수 있겠지요. 보통 ご無沙汰しております라는 정중한 형태로 자주 쓰입니다. 그리고 クラブはご無沙汰클럽은 오랜만이야, ビリヤードは最近ご無沙汰당구는 최근에 오랜만이야처럼 오랜만에 어떤 일을 할 때도 쓸 수 있는 표현입니다. 젊은 사람들은 속어로 最近ご無沙汰なのら라는 표현도 즐겨 쓰는데, 이때 눈치 없게 '뭐가 오랜만이야?'라고 되물으면 안 돼요. 이 말의 숨은 뜻은 '요즘 잠자리를 못 가졌어'이니까요.

실전 대화

W 伊藤君、久しぶりだね。
M 田中社長、ご無沙汰しております。
W また本社勤務になったの?
M はい、当分転勤はないと思います。またよろしくお願いします。

W 이토 군, 오랜만이군요.
M 다나카 사장님, 오랫동안 인사 못 드렸습니다.
W 다시 본사에서 근무하게 된 거야?
M 네, 당분간 전근은 없을 것 같습니다. 또 한 번 잘 부탁드립니다.

표현 활용

+ 最近旦那とはご無沙汰なんだよね。早く帰ってきてもすぐ寝ちゃうし。
+ 彼氏できたのはいいけど、ご無沙汰すぎて手のつなぎ方も忘れちゃったよ。

· 요즘 남편이랑 너무 뜸해서 말이야. 일찍 돌아와도 바로 잠들어 버리고.
· 남자친구가 생긴 건 좋지만, 연애가 너무 오랜만이라 손잡는 법도 잊어버렸어.

DAY 2

06 どちらかといえば 어느 쪽이냐 하면
07 何から何まで 하나부터 열까지, 여러모로
08 ダメ元で 밑져야 본전이니
09 朝っぱらから 이른 아침부터, 아침 댓바람부터
10 ご想像にお任せします 상상에 맡기겠습니다

DAY 2

どちらかといえば

어느 쪽이냐 하면

양념치킨과 프라이드치킨, 짜장면과 짬뽕, 된장찌개와 김치찌개, 보쌈과 족발. 어느 쪽이 더 좋냐고 물으신다면 정말 행복한 고민을 하지 않을 수 없어요. 이렇게 좋든 나쁘든 어떤 선택을 할 때, 하나를 딱 꼬집어 선택하기 애매한 상황이 있지요. 그럴 경우 그래도 '굳이 말하자면'이라는 뉘앙스로 설명을 하려면 どちらかといえば어느 쪽이냐 하면이라는 표현을 쓰면 됩니다. 비슷한 표현으로는 どちらかというと가 있고요. 회화에서는 どっちかっていえば나 どっちかっていうと의 형태로도 자주 사용됩니다.

실전 대화

M ねえ、ユリちゃんてどんな人がタイプなの？
W タイプ？ 特にないけど。性格が一番でしょ。
M えー ほんとに？ じゃあじゃあ、金持ちでブサイクなのと貧乏でイケメンなら？
W うーん、そうだな、どちらかといえば後者かな。

M 저기, 유리는 어떤 사람이 이상형이야?
W 이상형? 딱히 없는데. 성격이 제일 중요하겠지.
M 헐, 정말? 그럼, 부자인데 못생긴 사람이랑 가난한데 꽃미남 중에서는?
W 음…… 글쎄, 어느 쪽이냐면 후자일까.

표현 활용

+ まあ、どちらかといえば正直私はかわいい方に入ると思う。
+ ごめん、どちらかといえばまだ結婚はしたくないかな。

· 뭐, 굳이 말하자면 솔직히 나는 귀여운 편에 속한다고 생각해.
· 미안, 굳이 말하자면 아직 결혼은 하고 싶지 않아.

DAY 2

何から何まで

하나부터 열까지, 여러모로

흔히 빠짐없이 すべて^{전부}라고 할 때 일본어에서는 何から何まで라는 표현을 씁니다. 유사표현으로 一から十まで^{하나에서 열까지}, 始めから終わりまで^{처음부터 끝까지}라는 표현도 있어요. 보통 신세를 많이 진 경우에도 감사의 뜻으로 何から何までありがとうござしました^{여러모로 감사했습니다}라는 표현을 쓰기도 합니다.

실전 대화

M 看護師さん、そこにある充電器とってもらえませんか。
W はい、いいですよ。ちょっと待っててくださいね。
M すみません、何から何までお世話になってしまって。
W 何言ってるんですか、それより早く良くなってくださいね。

M 간호사님, 거기 있는 충전기 좀 집어 주실래요?
W 네, 알겠습니다. 잠시만 기다려 주세요.
M 죄송해요. 여러모로 신세만 져서.
W 무슨 말씀이세요. 그런 말 마시고 얼른 나으세요.

표현 활용

+ あんたね、私がいつまでも何から何までしてくれるだなんて思わないでよね。
+ あいつのやることは何から何まで気に入らない。
+ 何から何まで自分でやろうとするなよ。

· 당신, 내가 언제까지나 하나부터 열까지 다 해 줄 거라고 생각하는 건 아니지?
· 그녀석이 하는 일은 하나부터 열까지 못마땅해.
· 모든 걸 너 혼자 하려고 하지 마.

充電器 충전기

DAY 2

ダメ元で

밑져야 본전이니

결혼은 해도 후회, 안 해도 후회. 그러니까 어차피 후회할 거라면 해 보고 후회하는 편이 낫다고들 하지요. 꼭 결혼만이 아니라 어떤 일을 해야 할지 말아야 할지 고민하는 상황이라면 저는 일단 하는 쪽을 택하지요. 해 보지 않고 계속 미련이 남느니 해 보고 실패하는 쪽이 마음이 더 편하더라고요. 실패하더라도 크게 손해 보지 않는 상황에서는 '밑져야 본전이니 해 보지, 뭐' 식의 표현을 많이 쓰지요. 일본어로 '밑져야 본전이니'는 ダメ元で라고 하는데요, 駄目で元々의 준말입니다.

실전 대화

M どこ受験するか決めた？
W うん。でもすごい倍率高いの。記念受験になりそう。
M ダメ元で受けてみなよ。受かればラッキーじゃん。
W だよね。やってみるか？

M 어디 시험 볼지 정했어?
W 응, 근데 경쟁률이 엄청 높아. 기념 시험이 될 것 같아.
M 밑져야 본전이니 쳐 봐. 붙으면 럭키잖아.
W 그렇긴 해, 해 볼까?

표현 활용

+ ダメ元でいいから、あの子の番号聞いてきてよ。
+ ダメ元で面接受けたら受かっちゃった！
+ ダメ元で挑戦してみなよ。

· 밑져야 본전이니까 저 애 번호 물어보고 와.
· 밑져야 본전이라는 심정으로 면접을 봤더니 붙었지 뭐야!
· 밑져야 본전이니 도전해 봐.

受験 수험, 입학시험
倍率 배율, 경쟁률

DAY 2

朝っぱらから

이른 아침부터, 아침 댓바람부터

우리나라에 이른 아침을 뜻하는 말로 '식전 댓바람부터', '아침 댓바람부터'라는 표현이 있지요. 여기서 잠깐! '댓바람'이 무슨 뜻인가 고개를 갸우뚱하는 분이 분명히 계실 텐데요. '댓바람'은 '아주 이른 시간'이라는 뜻이랍니다. 여기에 딱 맞아떨어지는 일본어 표현은 바로 朝っぱらから 입니다. 아침 식사 전의 공복을 뜻하는 朝腹에서 유래된 말로, 아침 일찍 하기에는 적합하지 않은 일이라고 부정적인 뉘앙스를 나타내고 싶을 때 주로 사용합니다.

실전 대화

W おはよー。あー、よく寝たわ。
M おはよ。俺マック行くけど、お前も行く?
W マック? 朝っぱらからよく食べられるね。
M 朝こそしっかり食べなきゃだめでしょ。

W 좋은 아침. 아, 잘 잤다.
M 좋은 아침. 나 맥도날드 갈 건데 너도 갈래?
W 맥도날드? 이른 아침부터 잘도 먹네.
M 아침이야말로 제대로 먹지 않으면 안 돼.

표현 활용

+ もー、朝っぱらから夫婦喧嘩なんてしないでよ。
+ こんな朝っぱらから電話出られるわけないでしょ。
+ えーチュウ? 朝っぱらからダメ。できないよ。

· 아 정말, 아침 댓바람부터 부부싸움 좀 하지 마.
· 이렇게 이른 아침부터 전화를 받을 리가 없잖아.
· 뭐, 뽀뽀? 아침 댓바람부터 안 돼. 못 해.

マック 맥도날드
夫婦喧嘩 부부싸움

DAY 2

ご想像にお任せします
상상에 맡기겠습니다

대화를 하다 보면 상대방의 질문에 솔직히 대답하는 것도 별로 마음이 내키지 않고, 대답을 안 하자니 또 질문한 사람이 무안해질 것 같아 신경이 쓰이는 경우가 있잖아요. 연봉은 얼마예요? 연애는 몇 번이나 해 봤어요? 대답이 어려운 질문들은 이렇게 프라이버시에 관한 것들이 많지요. 그럴 땐 대충 두루뭉술하게 얼버무리는 것이 최고랍니다. ご想像にお任せします 상상에 맡기겠습니다라는 문장을 외우고 있으면 곤란한 질문에 대답하지 않고도 자연스럽게 대화를 이어 나갈 수 있을 거예요.

실전 대화

M 伊藤さんてほんと綺麗だよね。ぶっちゃけ、男に人気あるでしょ。
W そんなことないですよ。最近は後輩ばっかり先に結婚してくし。
M そういえばいくつなの? 聞いてなかったよね。
W それは……、ご想像にお任せします。

M 이토 씨는 정말 예쁘다니까. 솔직히 말해서 남자들한테 인기 있지?
W 그렇지 않아요. 요즘은 후배들이 계속 먼저 결혼하는걸요.
M 그러고 보니 몇 살이더라? 물어본 적 없네.
W 그건…… 상상에 맡길게요.

표현 활용

+ スリーサイズですか? うーん、ご想像にお任します。
+ 付き合ってるかって? それは君らの想像に任せるよ。

· 쓰리 사이즈요? 음, 상상에 맡기겠습니다.
· 사귀냐고? 그건 너희들 상상에 맡길게.

> ぶっちゃけ 까놓고 말해서, 솔직히 말해서

DAY 3

11 すっきりした 후련하다, 개운하다
12 また始まった 또 시작이네
13 ここだけの話だけど 우리끼리 하는 얘긴데……
14 一言多い 말이 많네
15 理屈じゃないんだよ 논리대로 되는 일이 아니야

DAY 3

すっきりした

후련하다, 개운하다

코에 박힌 블랙헤드를 코팩으로 すっきり^{말끔하게} 뽑아내면 기분이 참 좋아요. 목이 칼칼하게 아플 때 민트향 목캔디를 먹으면 목 안이 すっきり^{상쾌}해지죠. すっきり는 '말끔한 모양', '상쾌한 모양'을 나타내는 말이에요. 오줌보가 터지기 일보 직전에 화장실을 찾아 무사히 볼일을 보고 나면 안도의 한숨과 더불어 '아, 시원해'라는 감탄이 절로 나오지요. 이럴 때 'ああ、すっきりした'라고 하면 됩니다. 그리고 すっきりした는 고민이나 문제가 말끔히 해결되어서 '마음이 개운해졌다', '기분이 상쾌해졌다'는 의미로도 쓰입니다.

실전 대화

M それくらいのミス、誰だってするよ。
W でもお客さん、すんごい怒るんだもん。
M 次からまた頑張ればいいよ。
W だよね、そうだよね! なんか泣いたらすっきりしたよ!

M 그 정도의 실수는 누구라도 해.
W 근데 손님이 엄청 화낸단 말야.
M 다음부터 다시 열심히 하면 돼.
W 그치? 그렇지? 왠지 울었더니 개운해졌어!

표현 활용

+ いや、下剤飲んだら一週間ぶりに大きいの出たわ。すっきりした! 快便快便!!
+ あんなにしがみついたのに、別れたらなんかすっきりしちゃった。

· 으아, 설사약 먹었더니 일주일 만에 큰 거 나왔어. 개운해! 쾌변, 쾌변!
· 그렇게 매달렸는데 막상 헤어지니까 후련하네.

下剤 설사약
快便 쾌변
しがみつく 매달리다

DAY 3

また始(はじ)まった

또 시작이네

누가 봐도 비호감인 행동을 끊임없이 반복하는 사람들을 보면 정말 질리지 않을 수 없어요. 입만 열면 뻥을 치는 친구 녀석의 허풍, 술 마시고 늦게 귀가하는 남편 때문에 매일 싸우는 옆집 부부, 이번에야말로 성공할 거라면서 다이어트 식품을 잔뜩 사 대는 여자친구, 눈만 마주치면 공부하라고 쏘아붙이는 엄마의 잔소리! 이런 상황과 마주할 때면 한숨과 함께 また始(はじ)まった^{또 시작이네}라는 푸념이 절로 나와요.

실전 대화

- M もうだめ、俺(おれ)一人(ひとり)じゃさみしくてたまんないよ。
- W しょうがないなあ。後輩(こうはい)でも紹介(しょうかい)しようか?
- M マジで? かわいい? おっぱいは? 美脚(びきゃく)? 何(なに)してる子(こ)?
- W また始(はじ)まったよ。重要(じゅうよう)なのは中身(なかみ)でしょ。

- M 안 되겠다. 나 혼자는 외로워서 참을 수 없어.
- W 어쩔 수 없지. 후배라도 소개시켜 줄까?
- M 진짜? 귀여워? 가슴은? 다리 예뻐? 뭐 하는 애야?
- W 또 시작이네. 중요한 건 내면이지.

표현 활용

+ また始(はじ)まったよ、社長(しゃちょう)の自慢話(じまんばなし)。
+ おい、あれお隣(となり)さんだろ? また始(はじ)まったみたいだな。
+ おい、また始(はじ)まったよとか思(おも)わないで聞(き)いてくれよ。

- 또 시작됐어. 사장님의 자기자랑.
- 야, 저거 이웃집 아니야? 또 시작했나 보네.
- 이봐, 또 시작했다고 여기지 말고 들어 줘.

美脚(びきゃく) 예쁜 다리, 각선미
自慢話(じまんばなし) 자기자랑

DAY 3

ここだけの話だけど

우리끼리 하는 얘긴데……

일본어로 비밀은 秘密 혹은 内緒라고 합니다. 보통 쉿! 다れにも言わないでね 아무에게도 말하지 마라고 하는 内緒話 비밀이야기일수록 빨리 소문이 퍼지는 것 같은 느낌은 기분 탓일까요. ここだけの話だけど 우리끼리 하는 이야기인데라고 말하는 당사자도 어디선가 똑같은 이야기를 들었을 가능성이 크고, 이 이야기 또한 ここ 여기에서만 그치지 않는다는 게 세상사 이치겠지요.

실전 대화

M 先輩、うちの会社潰れるかもしれないって噂、本当ですか？
W ここだけの話だけど、もう部長は大手に引き抜きの話があったらしい。
M まじすか。うわー いいなあ。俺も連れてってくんないかな。
W バカ、内緒なんだから間違ってもみんなに言っちゃダメだからね。

M 선배, 우리 회사가 망할지도 모른다는 소문, 정말이에요?
W 이거 비밀인데, 벌써 부장님은 대기업에 스카우트 됐다는 이야기가 있나 봐.
M 정말요? 우와, 좋겠네. 나도 데려가 주려나?
W 바보야, 비밀이니까 절대로 다른 사람한테 말하면 안 돼.

표현 활용

+ ここだけの話だけど、あの子バツイチ子持ちらしいよ。
+ 今言ったこと、ここだけの話にしてくださいよ。バレたらマジでヤバいっすから。

· 우리끼리 하는 이야기인데, 저 애 한 번 이혼한 데다 아이도 있다는 거 같아.
· 지금 말한 거, 우리만의 비밀로 해 주세요. 들키면 진짜 위험하니까.

間違っても 무슨 일이 있어도, 절대로
引き抜き 스카우트

DAY 3

一言多い
ひとことおお

말이 많네

주위에 보면 불필요한 말을 꼭 한마디 보태서 본전도 못 찾는 사람들이 있어요. 주로 말이 많고 조심성 없는 사람이 이런 실수를 자주 하죠. 이렇게 상대방의 심기를 건드리는 말을 하는 사람에게는 一言多い라며 핀잔을 주는데요. 때에 따라 '말이 많네', '그 말은 안 해도 돼'란 뜻이 됩니다. 一言多い는 이렇게 막판에 말실수를 한 사람에게 쓰는 반면, 余計なお世話쓸데없는 참견은 처음부터 쓸데없는 참견을 하는 사람을 핀잔줄 때 쓰는 표현이랍니다.

실전 대화

W ねえ、これ一緒に食べよ～。
M うまそうだな。でもこういうの食べてるから太るんだよ、お前。
W 一言多いよ。せっかく持ってきたのに。
M ごめんごめん、つい本音が。

W 있잖아, 이거 같이 먹자.
M 맛있겠네. 그런데 이런 걸 먹으니까 살찌는 거야, 너.
W 그런 말은 안 해도 돼. 모처럼 갖고 왔는데.
M 미안미안, 그만 본심이 나왔네.

표현 활용

+ そうやって一言多いからいつも喧嘩になるんだよ。
+ 余計な一言多い奴は嫌われるよ。
+ あの人、一言多いからムカつくわ。

· 그렇게 안 해도 되는 말까지 하니까 항상 싸우게 되는 거야.
· 쓸데없는 말을 많이 하는 녀석은 미움 받지.
· 저 사람, 불필요한 말까지 해서 열 받아.

つい 무심코, 그만
ムカつく 화가 치밀다, 열 받다

DAY 3

理屈じゃないんだよ
논리대로 되는 일이 아니야

理屈는 '도리', '이치'라는 뜻입니다. 흔히 理屈じゃないんだよ라는 표현을 많이 쓰는데요. '논리대로 되는 일이 아니야', '이론만으로 되는 일이 아니야'라는 의미로 이해하면 될 것 같아요. 어떤 일을 선택할 때 이성적으로 생각해 보면 옳지 않은 일인데도, 마음이 끌려 선택하는 일도 많잖아요. 가슴이 시키는 일은 논리대로 되는 게 아니니까요. 머리로는 날 배신한 옛사랑을 잊어야 마땅하지만 못 잊고 그리워하는 사람들이 있는가 하면, 서바이벌 음악 프로그램에서도 음악적 완성도는 떨어지지만 시청자들에게 감동을 줘서 합격하는 참가자들도 있지요.

실전 대화

M 俺、やっぱり彼女にアタックする!
W 諦めなよ。この前、振られたんでしょ?
M こうゆうのはな、理屈じゃないんだよ。
W ふ～ん。ま、当たって砕けて来い!

M 나, 역시 그녀에게 고백하겠어!
W 포기해. 저번에 차였잖아.
M 이런 건 말이지, 논리대로 되는 게 아니라고.
W 흐음. 그럼 한번 부딪쳐 보고 와!

표현 활용

+ 理屈じゃないって何なの? 私ははっきりした理由が聞きたいの。
+ 理屈じゃなくてさ、もっとこう本能で動いてほしいんだよね。

· 논리대로 되는 게 아니라는 말은 뭐야? 나는 확실한 이유가 듣고 싶다고.
· 이론대로 하는 게 아니라 좀 더 이렇게 본능대로 움직였으면 좋겠어.

> 当たって砕ける (승산은 없으나) 부딪쳐 보다

DAY 4

16 早い者勝ち 먼저 한 사람이 임자, 선착순
17 猫の手も借りたい 엄청 바쁘다
18 一肌脱ぐ 팔 벗고 나서다
19 汗水流す 땀 흘리며 열심히 일하다
20 猫をかぶる 내숭을 떨다

DAY 4

早い者勝ち
먼저 한 사람이 임자, 선착순

단돈 만 원에 한우 스테이크 무한제공, 선착순 50명! 유명한 맛집 중에는 이런 식으로 하루에 제공하는 양을 딱 정해 놓고 파는 가게들도 많지요. 바겐세일이나 프리마켓의 경우에도 빨리 가지 않으면 좋은 물건을 손에 넣기 어려워요. 형제가 많은 집은 맛있는 음식일수록 보자마자 해치우지 않으면 나중엔 구경도 못하고요. 퇴근시간 주택가 골목에 주차를 하는 경우에도 먼저 찜한 사람이 임자가 되지요. 이렇게 '먼저 한 사람이 임자', '발 빠른 사람이 임자', '선착순' 이라는 표현이 바로 早い者勝ち입니다.

실전 대화

M1 え、お前付き合ってたの？なんだよ、いつからだよ。
M2 先週の飲み会の帰り。送ってった時にさ。
M1 なんだよ、ふざけんなよ。俺だって狙ってたのに。
M2 いやいや、こーゆーのは早い者勝ちでしょ。

M1 어? 너희 사귀는 거야? 뭐야, 언제부터야?
M2 지난주 술자리에서 집에 돌아가는 길에. 바래다 줄 때.
M1 뭐야, 웃기지 마. 나도 노리고 있었는데.
M2 아니 뭐, 이런 건 빠른 사람이 임자잖아?

표현 활용

+ ちょっと、早くスーパー行こうよ！今日の特売品、早い者勝ちなんだから。
+ 早い者勝ちなんだったら、早く行かなきゃだめじゃない？

· 얼른 빨리 슈퍼에 가자! 오늘의 특별상품은 선착순이니까.
· 선착순이면 빨리 가야 하는 것 아니야?

> 飲み会 술자리, 회식
> 狙う 노리다, 겨누다

DAY 4 017

猫の手も借りたい

엄청 바쁘다

흔히 좁은 면적을 '손바닥만 하다'고 비유하는데, 일본에서는 猫の額^{고양이 이마}라고 합니다. 뜨거운 것을 잘 못 먹는 고양이의 습성을 본떠 뜨거운 음식이나 음료를 못 마시는 사람은 猫舌^{고양이 혀}라고 하고요. 이렇듯 일본어에는 고양이와 관련된 표현들이 많아요. 아마도 일본 사람들이 고양이를 좋아하고 많이 키워서 그런 것 같아요. 고양이가 들어가는 대표적인 속담 중에 猫の手も借りたい^{고양이 손이라도 빌리고 싶다}라는 표현이 있는데요. 그다지 도움이 되지 않는 고양이 손이라도 빌리고 싶을 만큼 바쁘다는 뜻입니다. 비슷한 표현으로는 目が回るほど忙しい^{눈이 돌아갈 만큼 바쁘다}가 있습니다.

🐵 실전 대화

M この書類、明日までに急ぎね。
W え、でも先輩、私これからお得意さんのところ回らなきゃならないんですけど。
M 移動中でもできんだろ。じゃ、任せたからな。
W もー、最悪! こっちは猫の手も借りたいくらいなのに!

M 이 서류, 내일까지 서둘러 줘.
W 네? 하지만 선배, 저는 지금부터 단골 거래처를 돌아야 하는데요.
M 이동 중에 할 수 있잖아. 자, 너한테 맡길 테니까.
W 정말, 최악이야. 이쪽은 너무 바빠서 고양이 손이라도 빌릴 지경인데!

🐵 표현 활용

+ ちくしょう! 猫の手でもなんでもいいから貸してくれ!
+ 去年は猫の手も借りたいくらい忙しかったんだけどなあ。

· 젠장! 아무나 괜찮으니까 좀 도와줘!
· 작년에는 고양이 손이라도 빌리고 싶을 정도로 바빴는데 말이야.

お得意 단골, 고객

DAY 4

一肌脱ぐ
ひとはだ ぬ

발 벗고 나서다

어떤 일을 본격적으로 시작할 때 보통 두 팔을 걷어붙이며 의지를 다지곤 하는데요. 자신의 일뿐만 아니라 다른 사람의 일을 적극적으로 도울 때도 '두 팔 걷고 도와준다'라거나 '발 벗고 나서다'라는 표현을 쓰지요. 여기에 해당하는 일본어 표현이 바로 一肌脱ぐ입니다. 직역하면 '피부를 한 겹 벗다'라는 엽기적인 뜻이 되지만 실은 '힘껏 도와주다'라는 훈훈한 표현입니다.

🐵 실전 대화

W 先輩、先方が突然注文キャンセルしたいって。
M うーん。工場には連絡した？納期によっては無理だよ。
W どうしましょう。工場にはもう発注しちゃったんです。
M しょうがねえな、俺が一肌脱ぐか！工場に掛け合ってみるよ！

W 선배, 상대편에서 갑자기 주문을 취소하고 싶대요.
M 흠, 공장에는 연락했어? 납품 기한을 보면 무리야.
W 어떡하죠. 공장에는 벌써 발주해 버렸다는데요.
M 어쩔 수 없지, 내가 힘껏 도와줄게! 공장이랑 담판 지어 볼 테니!

🐵 표현 활용

+ 家族のためにも一肌脱いで頑張ります！
+ 部長にはそろそろ人肌脱いでもらわないと困りますよ。
+ 一肌脱いだところで結果は同じだったと思うんだよね。

· 가족을 위해서라도 힘내서 열심히 하겠습니다!
· 부장님께 슬슬 도움을 받지 않으면 곤란해요.
· 두 팔 걷고 도와줘도 결과는 똑같았을 거라 생각해.

先方 상대편
掛け合う 담판하다, 흥정하다

DAY 4

汗水流す
あせみずなが

땀 흘리며 열심히 일하다

땀 흘리며 열심히 일하는 남자들은 참 매력적인 것 같아요. 소매를 걷어붙이고 이마에 송골송골 맺힌 땀을 손등으로 닦아가며 일에 매진하는 모습을 보면 가슴이 설레지요. 남자들뿐 아니라 누구든 무엇인가 성취하기 위해 열심히 노력하는 모습은 참 보기가 좋죠. 최선을 다해 일하다 보면 땀이 나기 마련인데요. 보통 '땀을 흘리다'라고만 할 때는 汗をかく 라고 하고요. 汗水流す라고 하면 '땀 흘리며 열심히 일하다'라는 표현이 됩니다.

실전 대화

W 今度のイベントってやっぱり中止になるんですか。
M しょうがないよ。スポンサーが急に辞めたいって言い出したんだから。
W えーっ！せっかく汗水流して働いたのに！
M まだ諦めるなって、新しいスポンサー見つかればできるよ。

W 이번 이벤트는 역시 중지되는 건가요?
M 어쩔 수 없지. 스폰서가 갑자기 그만두고 싶다고 하니까.
W 에엣~! 모처럼 땀 흘리면서 열심히 일했는데!
M 아직 포기하지 마. 새로운 스폰서를 찾으면 돼.

표현 활용

+ 人が汗水流して働いた金勝手に使いやがって！
+ 俺らがどんなに汗水流して頑張っても結局上司の手柄だからな。
+ 考えてみたら汗水流すほど働いたことないな。

· 남이 땀 흘려서 일한 돈을 멋대로 써 대고 말이야!
· 우리가 아무리 땀 흘려 일하고 노력해도 결국 상사의 공이 되니까.
· 생각해 보면 땀 흘릴 정도로 열심히 일한 적이 없네.

手柄 공로, 공적

DAY 4

猫をかぶる

내숭을 떨다

우리나라에서는 엉큼한 사람을 양의 탈을 뒤집어쓴 늑대라고 부르지요. 일본에서는 '내숭을 떤다'라고 할 때 猫をかぶる 고양이를 뒤집어쓰다라고 합니다. 재밌는 표현이지요. 여자들끼리 있을 땐 밥도 양푼을 끼고 먹을 정도로 식성도 좋고, 벌레도 손바닥으로 척척 때려잡는 털털한 성격의 그녀가 남자들 앞에선 병아리 모이 먹듯 밥 먹는 모습을 보면 정말 재수 없다고 느끼는 여자들이 많을 거예요. 하지만 그렇게 내숭 떠는 여자를 애교 많고 사랑스럽다 느끼는 남자들이 많다고 하니, 남자와 여자는 보는 눈이 참 다른 것 같아요.

실전 대화

M お前の妹、かわいいよな。
W え？どこが？
M 声とかかわいいし、優しいし、いっつも笑顔じゃん。
W いやいやいや、猫かぶってるだけだから。家で態度180度違うからね。

M 네 여동생 귀엽네.
W 뭐? 어디가?
M 목소리도 귀엽고, 착하고, 언제나 웃는 얼굴이잖아.
W 아니, 무슨 소리야. 내숭 떠는 거지. 집에서는 태도가 180도 변한다니까.

표현 활용

+ 騙されたわー。じゃあ、今までずっと猫かぶってたの？
+ もうやめなよ。猫かぶってんのバレバレだよ。

· 속았어. 그럼 지금까지 계속 내숭 떨었던 거야?
· 이제 그만해. 내숭 떠는 거 다 아니까.

> バレバレ 다 들킴, 빤히 들여다보임

DAY 5

21 きれい事 허울 좋은 말
22 陰口(かげぐち) 뒷담화, 험담
23 口答え(くちごた) 말대답, 말대꾸
24 独り言(ひとごと) 혼잣말
25 下ネタ(しも) 음담패설

DAY 5
021

きれい事

허울 좋은 말

'사람은 외모보다 성격이 중요하지'라고 말하면서 항상 모델 같은 남자만 사귀는 여자, 싫증나서 헤어지는 거면서 '널 위해 헤어지는 거야'라고 말하는 남자처럼 현실은 전혀 그렇지 않은데 말만 번드르르 예쁘게 포장하는 사람들이 있어요. 이런 말들을 일본에서는 きれい事라고 하는데요. 반듯한 말로 남에게 잘 보이려는 경우나 자신의 행동에 대해 좋게 변명을 할 때 많이 사용합니다. 우리말로는 '허울 좋은 말'에 해당하네요.

실전 대화

M だから、本当は別れたくないんだって。
W じゃあ、なんで距離置こうとか言い出すの?
M お前のことは好きだよ。でもお前をこれ以上傷つけたくないんだよ。
W なにそれ。きれい事言わないでよ。本当は別れたくてしょうがないくせに。

M 그러니까 정말 헤어지기 싫다고.
W 그럼 왜 거리를 두자고 하는 건데?
M 너를 좋아해. 그런데 너에게 이 이상 상처 주고 싶지 않아.
W 그게 뭐야. 허울 좋은 말 집어치워. 사실은 엄청 헤어지고 싶은 주제에.

표현 활용

+ 思ってもないのにそんなこと言って。そういうのをきれい事って言うんだよ。
+ きれい事言ったって、それで世の中が変わるわけじゃないからな。

· 생각에도 없는 말이나 하고. 그런 걸 허울만 좋은 말이라고 하는 거야.
· 번드르르한 말을 한다고 해서 그걸로 세상이 바뀌는 건 아니야.

~くせに ~ 주제에

35

DAY 5
022

陰口 (かげぐち)

뒷담화, 험담

면전에서 悪口(わるぐち)욕을 듣는 게 기분이 나쁠까요, 아니면 뒤에서 수군수군 陰口(かげぐち)뒷담화를 전해 듣는 편이 더 기분이 나쁠까요? 참 어리석은 질문이었네요. 둘 다 기분이 나쁘긴 마찬가지인걸요. 개인적으로는 겉으로 나를 좋아하는 척하는, 믿었던 상대에게 뒷담화를 당하는 쪽이 더 쇼크일 것 같기도 해요. 일본어로 뒷담화는 陰口(かげぐち)이고요, '뒷담화를 하다'라고 말할 때는 陰口(かげぐち)を叩(たた)く라고 합니다.

실전 대화

M まじウゼー、なんであいつあんなにトロいんだよ。
W シッ！誰(だれ)かに聞(き)こえるかもしんないじゃん。
M 陰口(かげぐち)くらい叩(たた)かせろよ。
W まあ、その気持(きも)ちもわかるけどさ。

M 진짜 짜증나. 저 자식 왜 저렇게 느려 터졌어.
W 쉿! 누군가 듣겠다.
M 뒷담화 정도는 하게 해 줘라.
W 뭐, 그 기분도 알긴 하지.

표현 활용

+ そんなことしてるとまたネットに陰口(かげぐち)叩(たた)かれるよ。
+ 陰口(かげぐち)ってさ、何時間(なんじかん)でも喋(しゃべ)ってられるよね。
+ 部活(ぶかつ)のみんなが私(わたし)の陰口(かげぐち)を叩(たた)いてるっぽいんだよね。

· 그런 일 하면 또 인터넷에서 사람들에게 험담 들을 거야.
· 뒷담화는 말이야, 몇 시간이라도 떠들 수 있어.
· 동아리 사람들 모두가 내 뒷담화를 하는 거 같아.

うざい 짜증나다, 귀찮다
とろい 얼빠지다, 멍청하다
部活(ぶかつ) 동아리 활동

DAY 5

<ruby>口答<rt>くちごた</rt></ruby>え

말대답, 말대꾸

요즘 부모들의 두려움의 대상은 바로 호환 마마보다 더 무섭다는 <ruby>中二病<rt>ちゅうにびょう</rt></ruby>중2병! 작렬하는 허세, 만사가 삐딱하니 부정적이고, 건들면 툭 터질 것 같은 공격적이고 불안정한 멘탈! 이게 바로 <ruby>思春期<rt>ししゅんき</rt></ruby>사춘기의 절정을 달리는 중2병의 증상이지요. 그 중에서도 부모들을 정말 참을 수 없게 만드는 것은 조언이나 충고에 '내버려 둬! 내가 알아서 한다니까!'라며 <ruby>口答<rt>くちごた</rt></ruby>え말대꾸로 일관하는 태도가 아닐까 싶어요. 중2병은 시간이 약이라고 하니 조금만 믿고 기다려 주기로 합시다! 앗, 같은 한자를 <ruby>口答<rt>こうとう</rt></ruby>라고 읽으면 말로 대답한다는 뜻인 '구두 대답'이 됩니다.

실전 대화

W <ruby>部屋片付<rt>へやかたづ</rt></ruby>けらんないなら、おこづかい<ruby>没収<rt>ぼっしゅう</rt></ruby>だからね。
M えーなんだよ、<ruby>十分<rt>じゅうぶん</rt></ruby>きれいだろ。
W <ruby>口答<rt>くちごた</rt></ruby>えしないの! <ruby>早<rt>はや</rt></ruby>くやっちゃいなさい。
M ちぇ! わかったよ。

W 방 청소 안 하면 용돈 뺏는다.
M 아, 왜! 충분히 깨끗하잖아.
W 말대꾸 하지 마! 빨리 해.
M 쳇! 알았어.

표현 활용

+ <ruby>最近<rt>さいきん</rt></ruby>うちの子<ruby>注意<rt>ちゅうい</rt></ruby>するとすぐ<ruby>口答<rt>くちごた</rt></ruby>えしてくるんだよね。
+ <ruby>口答<rt>くちごた</rt></ruby>えする<ruby>暇<rt>ひま</rt></ruby>あったらもっと<ruby>早<rt>はや</rt></ruby>く<ruby>仕事<rt>しごと</rt></ruby>やれよ。

· 요즘 우리 애는 주의를 주면 바로 말대답 한다니까.
· 말대꾸 할 시간 있으면 더 빨리 일해.

こづかい 용돈
<ruby>没収<rt>ぼっしゅう</rt></ruby> 몰수

DAY 5

独(ひと)り言(ごと)

혼잣말

시도 때도 없이 しんどい^{피곤해}란 말을 입에 달고 살며, 자리에 앉았다가 일어날 땐 나도 모르게 よいしょ^{영차}라고 기합을 넣고, 따뜻한 탕 속에 들어가면 あー気持(き も)ちいい^{아~ 시원해}라는 혼잣말이 저절로 튀어 나와요. 저도 나이가 든 모양입니다. 일본어로 혼잣말은 独(ひと)り言(ごと)라고 합니다. がんばろう^{힘내자} 같은 긍정적 메시지의 혼잣말은 자기암시를 줘서 좋은 결과를 이끌어 낼 수 있다고 하네요. 반면 혼잣말로 ぶつぶつ^{투덜투덜} 대는 습관은 주변 사람들에게 좋은 평가를 받지 못하니 고치려고 노력하는 게 좋을 것 같아요.

실전 대화

M 家(いえ)帰(かえ)ったらさ、まず「ただいま!」ってあいさつするのが基本(きほん)だよね。
W え? でも一人暮(ひとりぐ)らしだよね?
M うん。だからぬいぐるみに向(む)かって今日(きょう)あったこととか報告(ほうこく)するんだよね。
W うわ、それ独(ひと)り言(ごと)じゃん。

M 집에 도착하면 먼저 '다녀왔습니다!'라고 인사하는 게 기본이지.
W 뭐? 근데 너 혼자 살잖아.
M 응. 그래서 인형한테 오늘 있었던 일 같은 걸 보고하거든.
W 헐, 그거 혼잣말이잖아.

표현 활용

+ 何(なん)だ、あの人(ひと)、さっきからブツブツ独(ひと)り言(ごと)言(い)ってて怖(こわ)いんですけど。
+ 一人暮(ひとりぐ)らしすると独(ひと)り言(ごと)増(ふ)えるよね。

· 뭐야, 저 사람, 아까부터 중얼중얼 혼잣말해서 무서워.
· 자취하면 혼잣말이 늘어.

ぬいぐるみ 동물 모양 인형
一人暮(ひとりぐ)らし 자취, 독신 생활

DAY 5
025

下_{しも}ネタ

음담패설

일반적으로 ネタ는 신문의 기삿거리, 소설이나 개그 등의 소재 등을 말합니다. 그리고 下ネタ라고 하면 성에 관련된 저급한 유머나 이야기, 즉 음담패설을 가리킵니다. 일본은 우리나라보다 성에 관해 이야기하는 것이 비교적 자유롭고, 수위도 꽤 높은 편이에요. 연예인들이 공중파에 나와 야한 농담을 하는 경우도 많고, 친구나 동료들끼리 아무렇지 않게 야한 농담을 주고받는 경우도 많이 있어요. 가벼운 음담패설은 분위기를 띄우는 데 도움을 주기도 하지만, 국가나 남녀를 불문하고 이런 이야기를 질색하는 사람들도 많이 있으니 분위기 봐 가며 해야겠지요.

실전 대화

W 今日女子会行ってくるよ。久々のガールズトークだよー。
M どうせ仕事の愚痴とか話すんだろ？
W まあね。でもお酒入ったらエロい話ばっかりだけどね。
M なんだ、女も下ネタとか話すんだな。

W 오늘 여자끼리 마시러 갔다 올게. 오랜만에 여자들끼리의 수다야.
M 어차피 직장 푸념만 할 거잖아?
W 그렇긴 하지. 그래도 술 들어가면 야한 얘기뿐이지만.
M 뭐야, 여자도 음담패설 하는구나.

표현 활용

+ ノリ良くても下ネタ言いまくる女はさすがにドン引きだわ。
+ 私、下ネタ全然平気だよ。

· 반응이 좋아도 음담패설을 많이 하는 여자는 바로 정 떨어져.
· 나는 음담패설 하는 건 완전 괜찮아.

愚痴_{ぐち} 푸념
~まくる 마구 ~하다
ドン引_びき 정 떨어지다

DAY 6

26 言い掛かり 트집
27 嫌がらせ 괴롭힘, 짓궂은 말이나 행동
28 心当たり 짚이는 데, 짐작 가는 곳
29 知らんぷり 시치미를 뗌, 모르는 척
30 丸見え 죄다 보임, 훤히 다 보임

DAY 6

言い掛かり

트집

이쪽은 잘못한 게 없는데 상대방이 무리한 이유를 붙여 말도 안 되는 트집을 잡는 경우엔 참 난감하지요. 그 대상이 윗사람이나 손님이라면 시비를 가리지도 못하고 정말 스트레스 받을 것 같아요. 일본어로 트집은 言い掛かり라고 하고, 속어인 いちゃもん도 비슷한 단어입니다. 그리고 '트집을 잡다'라고 말하고 싶을 때는 言い掛かりを付ける, いちゃもんを付ける라고 하면 됩니다.

실전 대화

W ちょっと、この洋服返品したいんだけど。
M タグ切ってあるのは難しいですね。
W 切れたのよ。わざと外れやすくしてたんじゃないの？
M そんな言い掛かり付けられましても……。

W 저기, 이 옷을 반품 하고 싶은데요.
M 태그가 잘려 있는 것은 어려운데요.
W 끊어진 거야. 일부러 떨어지기 쉽게 만든 것 아니야?
M 그런 트집을 잡으셔도…….

표현 활용

+ 何でもかんでも言い掛かりを付けるのはやめてほしい。
+ 言い掛かりなんかじゃありません！この人が犯人です！
+ 何もしてないのに突然言い掛かりを付けられたんです。

· 뭐든지 트집 잡는 건 그만뒀으면 좋겠어.
· 트집 잡는 거 아니에요! 이 사람이 범인입니다!
· 아무것도 하지 않았는데 갑자기 트집 잡혔어요.

> わざと 일부러
> 何でもかんでも 이것저것 할 것 없이 뭐든

DAY 6

嫌がらせ
괴롭힘, 짓궂은 말이나 행동

제가 어릴 땐 개구쟁이 남자애들이 일명 '아이스께끼'라고 해서 여자애들의 치마를 확 들춘다거나, 남의 집 초인종 벨을 누르고 도망가는 등 짓궂은 장난을 치는 일이 많았어요. 이렇게 상대방이 싫어하는 행동이나 말을 하는 것을 嫌がらせ라고 하는데요. 아이스께끼나 초인종 누르기 정도의 嫌がらせ는 애교로 봐줄 수 있지만 상대방에게 심한 불쾌감을 주는 언동은 삼가는 게 좋지 않을까요. 내 실적을 가로챈 동료에게 회사 전달사항 안 전해 줘 골탕을 먹이거나, 늘 쿵쾅거리며 층간소음을 내는 이웃집을 향해 크게 음악을 틀어놓고 싶은 마음은 충분히 이해하지만 생각만으로 그치는 게 좋겠죠.

실전 대화

W もう、また無言電話だよ。
M まだかかってくんの？ しつこいな。
W うん。でも多分元カレだと思うんだよね。
M 嫌がらせだな。今度電話きたら俺が出るよ。

W 아, 또 전화가 왔는데 아무 얘기도 안 해.
M 아직도 전화 오는 거야? 끈질기네.
W 응. 근데 아마 전 남친 같아.
M 일부러 괴롭히는 거네. 다음에 전화 오면 내가 받을게.

표현 활용

+ 嫌がらせはやめてくんない？
+ 嫌がらせされてるってことは、それだけ期待されてるってことじゃない？

· 괴롭히는 거 그만해 줄래?
· 괴롭힘 당한다는 건 그만큼 너한테 기대하고 있다는 뜻 아니야?

> しつこい 끈질기나
> 元カレ 전 남자친구

DAY 6

心当たり
こころ あ

짚이는 데, 짐작 가는 곳

바둑을 두는 분들은 많이들 아실 테지만, 바둑에서 단수를 칠 때 '아다리'라고 하지요. 무언가 아귀가 잘 맞아떨어졌을 때 '아다리'가 잘 맞았다고 표현하기도 하고요. 아다리는 '명중', '적중'이라는 일본어 当たり에서 온 말입니다. 이렇게 일상생활 속에서 무심히 쓰는 말 중에도 순화되어야 할 일본어 표현들이 아직도 많이 남아 있네요. 이 当たり라는 단어 앞에 心마음이 오면 '마음 짚이는 데', '짐작 가는 곳'이라는 뜻이 됩니다.

🐵 실전 대화

W もしもし? 財布? ここにはないけど?
M やべえな。お前んちじゃないならどこに置いてってったんだろ。
W なんか心当たりないの?
M 全然ない。全然覚えてない。

W 여보세요? 지갑? 여기에는 없는데?
M 큰일이네. 너희 집이 아니면 어디에 둔 거지.
W 다른 데 짐작 가는 곳은 없어?
M 전혀 없어. 전혀 기억 안 나.

🐵 표현 활용

+ ホントに心当たりないの?
+ 犯人に心当たりありませんか。
+ それなら心当たりあるよ。

· 정말 짚이는 데 없어?
· 범인으로 짐작되는 사람은 없습니까?
· 그거라면 짐작 가는 곳이 있어.

~んち ~의 집

DAY 6 **029**

知らんぷり

시치미를 뗌, 모르는 척

모르면서 아는 척하는 것을 知ったかぶり, 줄여서 知ったか라고 합니다. 반대로 다 알고 있으면서 시치미를 떼는 것은 知らんぷり라고 합니다. 모르면서 아는 척하는 사람이 얄미울까요, 알면서 시치미를 뚝 잡아떼는 사람이 얄미울까요? 아는 척하는 사람은 눈꼴사납고, 시치미를 떼는 사람은 엉큼해서 싫고! 아무튼 둘 다 살짝 재수 없긴 마찬가지네요.

실전 대화

- W 千秋先輩って、私のこと嫌いなのかな。
- M なんで？別にケンカとかしたわけじゃないんでしょ？
- W この前バイトの時に挨拶したんだけどさ、知らんぷりされたのよ。
- M 忙しくて気づかなかっただけじゃない？

- W 치아키 선배 말이야, 나를 싫어하는 걸까?
- M 왜? 딱히 싸우거나 한 적도 없잖아?
- W 얼마 전에 아르바이트 할 때 인사했는데, 모르는 척하더라고.
- M 바빠서 눈치 못 챈 것뿐 아닐까?

표현 활용

+ ここの店員、呼んでも知らんぷりするよね。
+ ご飯作ってって言われても知らんぷりしちゃいなよ。
+ 先生って都合悪いとすぐ知らんぷり決め込むよね。

・ 여기 점원들은 불러도 모르는 척하네.
・ 식사 준비하라는 이야기 들어도 시치미 떼 버려.
・ 선생님은 사정이 안 좋으면 바로 시치미 떼 버린단 말이야.

> 都合 사정
> ~決め込む ~하기로 하다

DAY 6

丸見え
죄다 보임, 훤히 다 보임

일본에서는 자전거가 없으면 생활이 불편할 정도로 자전거가 생활의 필수품이지요. 짧은 미니스커트를 입고 과감하게 자전거를 타는 여성들도 많아요. 처음 보면 신선하기도 하고, 속옷이 다 보이지는 않을까 괜한 걱정도 된답니다. 물론 주르륵 침 흘리며 뚫어지게 쳐다보는 남자 분들에겐 마냥 보기 좋은 광경일 수도 있고요. 이렇게 안의 내용물이 훤히 다 보이는 것을 丸見え라고 합니다. 물건뿐만 아니라 마음속으로 어떤 생각을 하는지 행동이나 말투를 통해 다 나타날 때도 쓸 수 있는 표현입니다.

실전 대화

W うわー、大きい窓だねえ。
M そーなんだよ。これが気に入ってここに引っ越したんだよ。
W でもカーテンつけなよ。丸見えだよ？
M 窓がデカすぎてカーテンも高くないかな。

W 우와, 창문 참 크네.
M 그렇다니까. 이게 마음에 들어서 여기로 이사 온 거야.
W 그래도 커튼 달아. 훤히 다 보일걸?
M 창문이 너무 커서 커텐도 비싸지 않으려나.

표현 활용

+ ねえ、パンツ丸見えだよ。
+ さっきからライバル心丸見えだよ。
+ これがトイレ？外から丸見えじゃん。

· 있잖아, 팬티 다 보여.
· 아까부터 라이벌 속이 훤히 들여다보여.
· 여기가 화장실이야? 밖에서 훤히 보이잖아.

引っ越す 이사하다
デカい 커다랗다

DAY 7

31 気配(けはい) 기색, 기미
32 気のせい 기분 탓
33 気の毒(きのどく) 딱함, 가엾음
34 好み(このみ) 좋아함, 취향
35 誇り(ほこり) 자랑, 긍지

DAY 7

気配(けはい)

기색, 기미

気配(けはい)는 '기색', '낌새', '기미'라는 뜻입니다. 눈에 보이지 않지만 무엇인가가 막연히 느껴질 때 쓰는 말이지요. 남들은 보통 포근해진 날씨, 향기로운 꽃향기에 완연한 春(はる)の気配(けはい)봄기운을 느끼고, 높고 청명한 하늘, 아침저녁으로 코끝에 닿는 서늘한 바람에 秋(あき)の気配(けはい)가을의 기운을 느낀다던데, 저는 몸이 나른하고 시도 때도 없이 졸음이 쏟아지면 봄기운을, 먹어도 먹어도 식욕이 일면 가을이 왔구나 하고 느낀답니다. 아, 그리고 気配(けはい)는 人(ひと)の気配(けはい)라는 형태로도 많이 쓰이는데 '인기척'이라는 뜻입니다.

실전 대화

M ねえ、この家(いえ)他(ほか)に誰(だれ)か来(き)てんの?
W いや、今日(きょう)私(わたし)一人(ひとり)だけど。
M そうなんだ。なんか人(ひと)の気配(けはい)を感(かん)じるんだよね。
M やめてよ。そんなこと言われたら怖(こわ)くて寝(ね)らんないじゃん。

M 있잖아, 이 집에 또 누가 와 있어?
W 아니. 오늘은 나 혼자인데.
M 그렇구나. 왠지 인기척이 느껴져서 말이야.
W 그만해. 그런 얘기 들으면 무서워서 잠 못 자잖아.

표현 활용

+ 確(たし)かにさっき人(ひと)の気配(けはい)を感(かん)じたんだけど。
+ 気配(けはい)がないと思(おも)ったらそんなところにいたんだ。
+ 紅葉(こうよう)か。もうそろそろ秋(あき)の気配(けはい)だね。

· 확실히 아까 인기척을 느꼈는데.
· 기척이 없다고 생각했는데 그런 데 있었구나.
· 낙엽인가. 벌써 슬슬 가을 기미구나.

紅葉(こうよう) 낙엽
そろそろ 슬슬, 이제 곧

DAY 7

気のせい

기분 탓

명확한 근거도 없이 괜히 신경이 쓰일 때가 있지요. 실제로 벌어지지 않을 일이라도 걱정을 하다 보면 그렇게 되는 것 같아요. 머리를 안 감아서 떡진 머리가 신경 쓰였는데 주변 사람들이 다 내 머리만 쳐다보는 것 같다거나, 피임하지 않아서 찜찜했었는데 최근 속이 메슥거려 혹시 임신이 아닐까 덜컥 겁이 난다거나요. 그런데 우리가 하는 대부분의 쓸데없는 걱정은 기분 탓인 경우가 많은 것 같더라고요. 일본어로 'せい'는 '탓', '이유' 라는 뜻으로, 기분 탓, 신경 쓴 탓이라고 말하고 싶을 때에는 気のせい라고 하면 된답니다.

실전 대화

W ん? なんか臭わない?
M 別に何も臭わないけど。気のせいじゃない?
W いや、なんか臭いって……。あ、やっぱりおならしたでしょ!
M ……。バレたか。

W 응? 뭔가 냄새나지 않아?
M 딱히 아무 냄새도 안 나는데. 기분 탓 아니야?
W 아니, 뭔가 구린내가 나……. 아, 역시 방귀 꼈지?
M ……. 들켰네.

표현 활용

+ 「モテ期到来!」と思ったら気のせいでした。
+ 最近太ったような……ま、気のせいか。
+ 気のせいじゃないって! ほんとに見たんだって!

· '전성기가 왔다!'라고 생각했는데 기분 탓이었습니다.
· 최근에 살찐 것 같은…… 뭐, 기분 탓인가.
· 기분 탓이 아니야! 진짜 봤다니까!

臭う (불쾌한) 냄새가 나다
臭い 구리다, 역한 냄새가 나다
モテ期 이성으로부터 인기 있는 시기

DAY 7

気の毒
딱함, 가엾음

타인의 불행이나 고통을 보며 기뻐할 사람이 있을까요? 글쎄요, 불붙은 집에 부채질하고, 우는 아이 뺨 때리고, 똥 싸는 놈 주저앉히는 놀부 정도밖엔 없지 않을까요. 사람이라면 누구나 동정하는 마음이 일 텐데요. 그럴 때 쓰는 표현이 気の毒 딱함, 가엾음입니다. 글자 그대로 마음에 독약을 쏟아 부은 듯 가슴이 아리고 아프다는 뜻이겠지요. 보통 お気の毒に 그거 참 안됐네요. 딱하네요라는 형태로 자주 쓰이지만, 気の毒에는 '폐를 끼쳐 미안함'이라는 의미도 있으니 함께 알아 둡시다.

실전 대화

M 今日、先輩来られないってさ。
W なんで？なんかあったの？
M 弟さんが旅行先で事故にあったらしいよ。見舞い行かなきゃな。
W それはお気の毒に。

M 오늘 선배는 못 온대.
W 왜? 무슨 일 있대?
M 남동생이 여행지에서 사고가 났나 봐. 병문안 가야겠다.
W 그거 참 안됐네.

표현 활용

+ 幼い子供置いてパチンコ行くなんて、子供が気の毒だと思わないのかね。
+ 気の毒だけど、彼のことはおいて下山するしかなさそうだな。

· 어린아이를 두고 파친코를 하러 간다니, 아이가 가엾다고 생각하지 않는 건가.
· 미안하지만, 그를 두고 하산할 수밖에 없을 것 같아.

見舞い 병문안
下山 하산

DAY 7

好_こみ

좋아함, 취향

일본 음식 중에서 가장 간단히 만들어 먹을 수 있는 요리는 바로 お好み焼き_{오코노미야키} 아닐까요. 好み가 '기호', '취향'이라는 뜻이고, 焼き가 '구이'라는 뜻이니까 말 그대로 자기가 좋아하는 재료를 넣고 구워먹는 요리입니다. 저는 양배추를 가늘게 썰어 밀가루 조금과 달걀을 넣어 버무린 다음, 기름을 넉넉히 두르고 두툼하게 구워 먹어요. 아~ 생각만 해도 よだれが出る_{군침이 돌아요}. 사람이든 물건이든 남들 눈에는 예쁘고 멋져 보여도 내 취향은 아닐 때가 있잖아요. 그럴 땐 시크하게 私の好みじゃない_{내 취향이 아니야}라고 하면 됩니다.

🐵 실전 대화

W この服どう？かわいいでしょ。
M う～ん、いいんじゃない？
W 何それ、なんか返事が適当じゃないの？
M いや、正直言ってデニムは好みじゃないんだよね。スカートとか履いてよ。

W 이 옷 어때? 귀엽지?
M 으음, 괜찮은데?
W 그게 뭐야. 반응이 뭔가 대충인 거 아니야?
M 아니, 솔직히 말하면 청바지는 내 취향이 아니라서. 치마 같은 거 입어.

🐵 표현 활용

+ 結構好き嫌いの好みがはっきりしてるよね。
+ お好みで辛さを調節できるんだってよ。

・꽤 호불호의 취향이 명확히 갈리네.
・취향에 따라 매운맛을 조절할 수 있대.

適当 적당, 대충
デニム 데님, 청바지
履く (하의를) 입다

DAY 7

誇り

자랑, 긍지

ほこり를 埃라고 쓰면 '먼지'라는 뜻이지만, 誇り라고 쓰면 '자랑', '긍지', '명예로움'이라는 뜻이 됩니다. 80년대까지만 해도 시골에서 서울대에 합격이라도 하면 집안의 誇り(자랑)일 뿐만 아니라 온 마을의 자랑거리로 마을 입구에 플랜카드도 붙여 놓고, 마을잔치도 성대하게 벌였지요. 하지만 요즘은 개천에서 용 나기 참 힘든 시절이 되었습니다. 부와 학벌이 대물림되는 현상이 심각해졌으니까요. 하지만 언제까지 환경 탓만 하며 살 수는 없어요. 우리 모두 자기가 하는 일에 誇りを持って(긍지를 갖고), 자기 자신을 誇りに思って(자랑스럽게 여기며) 살기로 해요.

실전 대화

W ちょっと何。この盛り付け、やり直し!
M 少しくらい形崩れたって味は同じですよ。
W 何言ってんの! 料理人としての誇りを持ちなさい!
M すいません、作り直します。

W 잠깐 뭐야. 이 그릇에 담은 거, 다시 해!
M 조금 모양이 흐트러져도 맛은 똑같아요.
W 무슨 소리 하는 거야! 요리사로서의 긍지를 가지도록!
M 죄송합니다, 다시 만들겠습니다.

표현 활용

+ 少しの間でも一緒に働けたことを誇りに思うよ。
+ 少しは自分の仕事に誇りを持とうよ。
+ この試合、誇りをかけて戦う!

· 잠깐이었지만 함께 일했던 것을 자랑스럽게 생각할게요.
· 조금은 자신의 일에 긍지를 가지자.
· 이 시합은 명예를 걸고 싸우자!

盛り付け 음식을 보기 좋게 담음
崩れる 무너지다, 흐트러지다
等しい 같다, 동등하다

DAY 8

- 36 人見知り 낯가림
- 37 顔見知り 안면이 있음, 아는 사이
- 38 見ず知らず 일면식도 없음, 생면부지
- 39 見覚え 본 기억
- 40 縁もゆかりもない 아무런 관계도 없는

DAY 8

人見知り

낯가림

照れ屋수줍음을 잘 타는 사람이나 恥ずかしがり屋부끄럼을 많이 타는 사람 중에는 内気な내성적인 성격이 많은 것 같아요. 이런 내성적인 사람들의 고민 중의 하나가 바로 人見知り낯가림이 심해 初対面첫만남에서 자연스럽게 대화를 이끌지 못하는 점인 것 같아요. 보통 낯가림이 심하다고 표현할 때는 人見知りが激しい라고 하는데요, 낯가림이 심하면 사회생활에도 지장이 있으니까 여러 가지 경험을 통해 자신감을 키워 낯가림을 극복할 수 있도록 노력하는 게 좋겠지요.

실전 대화

M りなちゃんて、どんな子？
W 隣のクラスの？ いい子だよー。たまにモノマネとかやってくれるよ。
M そうなの？ 俺話しかけても全然答えてくれないんだよね。
W あー、あの子人見知りなんだよ。もう少し話しかけてみなよ。

M 리나는 어떤 아이야?
W 옆 반에 있는 애 말이야? 좋은 애야. 가끔씩 성대모사 같은 것도 해 줘.
M 그래? 내가 말 걸어도 전혀 대답해 주지 않던데.
W 아, 걔 낯가림하는 거야. 조금 더 말을 걸어 봐.

표현 활용

+ あの子人見知り激しいよね。
+ 私の長所は社交的で人見知りしないところです。

· 저 애, 낯가림이 심하구나.
· 제 장점은 사교적이고 낯을 가리지 않는 거예요.

モノマネ 성대모사, 흉내
長所 장점

DAY 8

顔見知り
かお み し

안면이 있음, 아는 사이

봄바람이 살랑살랑 불고, 봄꽃이 흐드러지게 피는 계절이 오면 주말이 늘 바빠요. 피크닉이라도 다니냐고요? 아니요. 결혼식장에 다니느라 그렇지요. 결혼식에 참석할 때마다 하는 고민은 바로 축의금 봉투에 얼마를 넣느냐는 건데요. 그보다 더 고민이 되는 것은 과연 이 결혼식에 참석해야 할까? 하는 고민이에요. 친하다고는 할 수 없지만 얼굴만 아는 사이를 일본어로는 顔見知り라고 해요. 그런 사람들로부터 청첩장을 받으면 정말 어찌할 바를 모르겠어요. 가자니 그럴 필요 까진 없을 것 같고, 안 가자니 좀 찝찝하고. 일본에서는 정말 친한 사람에게만 청첩장을 보내니까 이런 고민은 할 필요가 없겠네요.

실전 대화

W 新規の取引先探してるんだけどさ、どっかいいとこない?
M 半沢物産とかどうです? 最近上場したって聞きましたよ。
W あ〜! そこなら顔見知り一人いる!
M じゃあ、決まりですね。資料準備しておきます。

W 신규 거래처를 찾고 있는데 말이야. 어디 좋은 곳 없어?
M 한자와물산은 어때요? 최근에 상장했다고 들었는데요.
W 아! 거기라면 살짝 아는 사람이 한 명 있어!
M 그럼 정해졌네요. 자료 준비해 두겠습니다.

표현 활용

+ 顔見知り程度なのに、タメ口使うのはちょっと馴れ馴れしくないですか。
+ この前の事件、どうやら顔見知りの犯行らしいよ。

新規 신규
上場 상장
馴れ馴れしい 허물없다, 버릇없다

· 안면만 트는 정도일 뿐인데 반말 쓰는 건 좀 버릇없지 않아요?
· 얼마 전에 벌어진 사건, 아무래도 면식범의 범행이라는 것 같아요.

DAY 8

見ず知らず

일면식도 없음, 생면부지

길을 걷다 見ず知らずの人(일면식도 없는 사람)이 불쑥 말을 걸어 오면 놀라기 마련이지요. 단순히 길을 묻는 사람이라면 금방 경계심이 풀어져 온화한 대응이 가능하지만, 가끔 인상이 좋다며 도(道)를 믿으라고 권하는 분들을 만나면 참 난감해요. 이보다 더 곤란한 경우는 길거리에서 돈을 빌려 달라는 사람인데요. 見ず知らずの人에게 돈을 빌려줄 리 없다고 생각하겠지만, 은근히 많이들 빌려준다고 합니다. 십중팔구는 사기꾼의 언변에 홀려 사기를 당하는 것인데요, 꾀죄죄한 옷차림이 아닌 번듯하게 차려입은 사람들에게는 돈을 쉽게 빌려주게 된다고 하네요. 여러분도 멋진 신사가 돈을 빌려 달라고 하면 조심하세요.

실전 대화

W もー、SNSすんのやめようかな。
M え、なんでなんで?
W だって見ず知らずの人から連絡くるんだもん。
M それが醍醐味でしょ。じゃあ、嫌な人がいたらブロックしなよ。

W 아 진짜, SNS 하는 거 그만둘까 봐.
M 어, 왜 그래?
W 그치만 일면식도 없는 사람한테 연락이 오는걸.
M 그게 묘미지. 그럼, 싫은 사람이 있으면 차단해.

표현 활용

+ 見ず知らずの人から食べ物もらっちゃダメ。
+ 可哀想だからって見ず知らずの人にお金貸したの?

· 모르는 사람한테 먹을 걸 받으면 안 돼.
· 불쌍하다고 생면부지의 사람한테 돈 빌려줬어?

> 醍醐味 묘미
> ブロックする 차단하다

DAY 8

見覚え _{みおぼ}

본 기억

見覚え는 '본 기억'이라는 뜻입니다. 보통 見覚えがある^{본 기억이 있다}고 하면 실제로 예전에 봤던 것이 기억 나서 이야기하는 경우가 많은데요. 꼭 그렇지 않은 경우도 있더라고요. 처음 본 풍경인데 왠지 예전에 어디서 본 것 같은 묘한 기분이 들거나, 어떤 사람의 얼굴이 어디서 본 듯 낯익은 경우에 말이지요. 이런 현상을 デジャビュ^{데쟈뷰}라고 합니다. 별개의 이야기이지만, 남자들이 마음에 드는 여자와 어떻게든 엮이고 싶을 때 '어디서 본 기억이 있는데 우리 만난 적 있죠?'라며 작업을 거는 경우도 있지요. 뭐, 이런 식의 口説き文句^{작업 멘트}는 좀 옛날 방식이긴 해도 가끔은 전형적인 방법이 통할 때도 있답니다.

실전 대화

M こんにちは!
W あれ、あの…… どっかで会ったことあります？
M はい、遠藤の弟です。この前うちでお会いしましたよね。
W あー なんか見覚えがあると思ったら弟さんか。

M 안녕하세요!
W 어라, 저기…… 어딘가에서 만난 적 있던가요?
M 네, 엔도 동생이에요. 얼마 전에 저희 집에서 만났었죠.
W 아, 어쩐지 본 적이 있다고 생각했는데 동생이었구나.

표현 활용

+ 全く見覚えないな、そんな人うちの会社にいた？
+ そのイヤリング、見覚えあるんだけどどこのブランドだっけ。

· 전혀 본 기억이 없는데, 그런 사람이 우리 회사에 있었나?
· 그 귀걸이, 본 기억이 나는데 어느 브랜드더라?

DAY 8

縁もゆかりもない

아무런 관계도 없는

가족이나 친척처럼 피로 맺어진 혈연, 고향이나 거주지가 같아서 맺어진 지연, 같은 학교를 다닌 학연. 우리나라는 이런 縁인연을 중시하는 사회이지요. 이런 인간관계들의 좋은 점은 역시 힘들 때 서로 돕는다는 건데요. 순기능보다 부정적인 역할을 하는 경우가 많으니, 그게 문제인 것 같아요. 그래도 낯선 상황이나 환경에 처했을 때는 이런 인연이라도 있어야 마음이 든든한 것은 사실이에요. 부득이나 홀로 전근을 가게 되어 縁もゆかりもない아무런 연고도 없는 곳에서 縁もゆかりもない赤の他人아무런 인연도 없는 생판 남들과 함께 어울려 지내는 것은 생각만 해도 힘들 것 같아요.

실전 대화

W ほんとにあの人うちに泊めるの?
M うん。だって困ってるじゃん。お金もないみたいだし。
W 縁もゆかりもない赤の他人だよ?
M 大丈夫じゃない? 見た感じ悪い人じゃなさそうだし。

W 정말 그 사람이 우리 집에서 묵는 거야?
M 응. 왜냐하면 곤란한 상황이잖아. 돈도 없는 것 같고.
W 아무런 관계도 없는 생판 남인데?
M 괜찮지 않아? 보기엔 나쁜 사람같이는 안 보이는데.

표현 활용

+ あの人とは縁もゆかりもありませんから。
+ 縁もゆかりもない子供の面倒なんかみられないよ。

· 저 사람과는 아무런 관계도 없으니까요.
· 아무런 인연도 없는 아이를 돌보는 건 못해.

赤の他人 생판 모르는 남
面倒をみる 돌보다

DAY 9

- 41 無邪気(むじゃき) 천진함, 순진함
- 42 能天気(のうてんき) 경박하고 분별이 없음
- 43 のんき 무사태평
- 44 不器用(ぶきよう) 서투름
- 45 不気味(ぶきみ) 기분이 나쁨

DAY 9

無邪気
むじゃき

천진함, 순진함

사랑이란, 어떤 남자애에게 셔츠가 예쁘다고 말했을 때, 그 셔츠를 매일 입고 오는 거예요. 엄마가 땀 냄새에 찌든 아빠를 보고, 로버트 레드포드보다 더 잘생겼다고 말해 주는 거예요. '사랑이 뭐라고 생각하니?'라는 설문조사에서 나온 아이들의 대답이라고 하네요. 아이들의 순수함에 제 마음까지 깨끗이 정화되는 느낌이에요. 無邪気는 꾸밈이나 거짓이 없이 순진하거나 천진함을 나타내는 말인데요. 나이가 들어서도 이런 천진함을 간직하기란 무척 힘든 일인 것 같아요. 저도 サンタ산타 할아버지가 없다는 사실을 안 이후부터는 이런 순수함이 급격히 사라진 듯한 기분이 들어요.

실전 대화

W 引っ越し屋さん、明日10時に来るって。
M はあ、まさか北海道に転勤なんてなあ。寒いんだろうな～。
W 子供らは喜んでるよ。雪だるま作るんだってよ。
M あー 子供は無邪気でいいよな。

W 이삿짐센터 사람은 내일 열 시에 온대.
M 후유, 설마 홋카이도로 전근이라니. 춥겠지~.
W 아이들은 기뻐하고 있어. 눈사람 만든다고.
M 아아, 애들은 천진난만해서 좋네.

표현 활용

+ 無邪気に笑われると何でも許したくなっちゃうよね。
+ お前っていくつになっても無邪気だよな。

· 천진난만하게 웃어 주면 무슨 일이든 용서하고 싶어져.
· 넌 나이를 먹어도 순진하구나.

引っ越し屋 이삿짐센터
雪だるま 눈사람

DAY 9

能天気(のうてんき)

경박하고 분별이 없음

우리나라에서는 머리에 든 게 없고 아무 생각이 없는 사람에게 '뇌가 참 맑다', '무뇌아'라는 표현을 쓰는데요. 일본어에도 그와 유사한 말이 있답니다. 바로 能天気(のうてんき)예요. '생각 없이 경박함' 또는 그런 사람을 뜻하는 말입니다. 脳天気(のうてんき)라고도 표기하는데 원래는 '머릿속이 맑은 하늘같다'를 비유한 말로, 머릿속이 청명하다는 뜻이 아니라 매사가 신중하지 못하고 분별없다는 뜻으로 쓰여요. 아무 생각 없이 성격이 느긋한 사람에게도 쓸 수 있는 표현입니다. 이렇게 사람의 성격을 天気(てんき)날씨에 비유한 단어로는 お天気屋(てんきや)도 있어요. 성격이 날씨처럼 변화무쌍하다고 해서 '변덕쟁이'라는 뜻으로 쓰이는 말입니다.

실전 대화

W あー、まだ就職(しゅうしょく)決(き)まってないよー。
M 俺(おれ)もだよー。夏休(なつやす)みは面接毎日(めんせつまいにち)入(い)れるしかないかな。
W 何言(なにい)ってんの? 夏(なつ)は遊(あそ)ばなきゃだめでしょ。海(うみ)! 海(うみ)! 海(うみ)!
M お前(まえ)ってほんと能天気(のうてんき)だよな。

W 아, 아직 취직이 결정 안 됐어.
M 나도 그래. 여름방학 때는 매일 면접 보러 다니는 수밖에 없는 걸까.
W 무슨 소리 하는 거야? 여름에는 놀지 않으면 안 돼. 바다! 바다! 바다!
M 넌 진짜 아무 생각이 없구나.

표현 활용

+ お前(まえ)の能天気(のうてんき)さには誰(だれ)も勝(か)てないだろうな。
+ いいよな。能天気(のうてんき)な奴(やつ)は。

· 너의 태평함은 누구도 이길 수 없을 거야.
· 좋겠다. 아무 생각 없이 태평한 녀석은.

面接(めんせつ) 면접

DAY 9

のんき

무사태평

더운 지방에 사는 사람들일수록 말이나 행동이 굼뜨지요. 그렇지만 성격은 밝고 気長(きなが)な느긋한 경우가 많아요. 보통 短気(たんき)성격이 급한 사람들이 느긋한 성격의 사람들을 보며 답답해하는 경우가 많은데요. 한술 더 떠 のんきな만사가 무사태평인 사람들을 보면 정말 화딱지가 나겠지요. 아무 걱정이 없는 무사태평인 성격은 자기 스스로 스트레스를 거의 받지 않아 정신건강에 좋지만, 지켜보는 주변사람들에게는 짜증을 불러일으키며 스트레스를 팍팍 주는 경우가 많답니다.

실전 대화

W ねえ、夏休(なつやす)みの宿題(しゅくだい)やった？
M 俺(おれ)？ 大丈夫(だいじょうぶ)っしょ。まだ１日(いちにち)あるし。
W そんなのんきな事(こと)言(い)ってて大丈夫(だいじょうぶ)？ 自由研究(じゆうけんきゅう)もあったよね？
M 大丈夫(だいじょうぶ)だって。いざとなったらお前(まえ)の写(うつ)せばいいじゃん。

W 있잖아, 여름방학 숙제 했어?
M 나? 괜찮아. 아직 하루 남았고.
W 그렇게 태평한 말만 해서 괜찮겠어? 자유 연구도 있었지?
M 괜찮다니까, 여차하면 네 것을 베끼면 되잖아.

표현 활용

+ 今(いま)は引退(いんたい)してのんきに暮(く)らしてるみたいよ。
+ 子供(こども)はのんきでいいよなあ。
+ そんなのんきな事(こと)言(い)ってるとダブるよ。

· 지금은 은퇴해서 편하게 살고 있는 것 같아.
· 아이들은 아무 근심이 없어서 좋겠다.
· 그렇게 태평한 말만 늘어놓다간 유급당해.

自由研究(じゆうけんきゅう) 자유 연구, 방학 동안 스스로 주제를 정해 그것에 관해 조사하는 과제

いざとなったら 여차하면, 만일의 경우

ダブる 유급당하다, 낙제하다

DAY 9 044

不器用
ぶきよう

서투름

계절이 바뀔 때마다 집안 분위기를 바꾸기 위해 큰돈을 들일 필요는 없어요. 예쁜 천을 사서 커튼이며 쿠션을 재봉틀로 대충 드르륵 박아 만들어 주면 돼요. 앞머리가 길어 눈을 찌르는 정도로 미용실을 갈 필요가 있나요. 그냥 거울 보고 쓱싹쓱싹 잘라 주면 되는걸요. 이렇게 손재주 좋은 사람들은 정말 부러워요. 器用는 '재주가 있음'이란 뜻으로 손재주가 있거나 손끝이 야무진 경우에 자주 쓰는 단어입니다. 한편 연애할 때 밀땅은커녕 상대방에게 늘 희생하다가 뻥 차이는 사람들이 있는데요. 이런 사람들을 보고 恋に不器用(연애에 서툴다)라고 하지요. 이렇게 하는 일이 어딘가 엉성하며 서툰 것을 두고 不器用라고 합니다. 물론 '손재주가 없다'는 뜻으로도 자주 사용됩니다.

🐵 실전 대화

W お母さんに誕生日プレゼント何がいい？
M 冬だし、マフラー編んでみたら？
W え～、手作り？あまり手先器用じゃないんだけど。
M 不器用でも大丈夫だよ。心がこもってれば問題ないって。

W 어머니 생신선물로는 뭐가 좋아?
M 겨울이니. 머플러를 떠서 드리면 어때?
W 뭐어? 직접 만들라고? 그다지 손재주가 없는데.
M 서툴러도 괜찮아. 마음이 담겨 있으면 문제없어.

🐵 표현 활용

+ 不器用な分、人一倍頑張らないと。
+ お前って本当不器用だよな。

· 서툰 만큼 남보다 더 열심히 하지 않으면 안 돼.
· 너는 진짜 서투르구나.

マフラーを編む 머플러를 뜨다
手作り 수제, 손수 만듦
手先 손끝
こもる (감정 등이) 담기다, 어리다

DAY 9

不気味
ぶきみ

기분이 나쁨

우리나라에서 가장 인기를 끌었던 일본 애니메이션은 역시 隣のトトロ이웃집 토토로가 아닐까요? 그런데 이 이야기는 실제 있었던 유괴 살인사건을 모티브로 했다는 소문이 있어요. 그 주장에 따르면 토토로는 저승사자, 고양이 버스는 영혼을 실어 나르는 버스이고, 토토로를 만난 이후 주인공 자매의 그림자가 없어진 것은 이미 아이들이 죽었다는 것을 의미한다고 해요. 어때요, 등골이 오싹하지요? 이런 괴담은 실화라는 단서가 붙으면 무서움이 더해지는 것 같아요. 아무튼 어떤 것을 보거나 듣거나 했을 때 이유도 없이 섬뜩하며 기분이 나쁜 것을 不気味라고 합니다. 気味悪い라고도 하고요. 인적 없는 으슥한 골목길, 한밤중에 울렸다 끊어지는 전화벨 소리까지 모두 너무너무 不気味예요! 으스스!!

🐵 실전 대화

W ねえ、やっぱやめようよ。お化け出るんじゃないの？
M 大丈夫だって、ただのお墓だよ。
W なんか不気味だよ。暗いし……。
M でも、ここ入らなきゃ肝試しの意味ないだろ。

W 있잖아, 역시 그만두자. 귀신 나오는 거 아냐?
M 괜찮다니까, 그냥 무덤이야.
W 뭔가 기분 나빠. 어둡고…….
M 그렇지만 여기 안 들어가면 담력 테스트를 하는 의미가 없잖아.

🐵 표현 활용

+ 人によっては不気味に感じるかもね。
+ やだ、この部屋なんか不気味じゃない？

· 사람에 따라서 기분 나쁠 수도 있겠네.
· 아, 싫다. 이 방 뭔가 기분 나쁘지 않아?

> お墓 무덤
> 肝試し 담력을 시험하는 일, 담력 테스트

DAY 10

- 46 チャラい 경박하다, 싼 티 나다
- 47 せこい 쩨쩨하다, 약았다
- 48 たくましい 씩씩하다, 늠름하다
- 49 鈍(どん)くさい 굼뜨다, 느려 터지다
- 50 じれったい 답답하다, 감질나다

DAY 10

チャラい

경박하다, 싼 티 나다

목덜미 사이로 번쩍 하고 빛나는 저것은 뭐죠? 일부 남자들에게는 허세의 상징이지만, 일부 여자들은 チャラい하다고 싫어하는 굵은 체인 금목걸이! 개인적으로도 별로 좋아하지는 않지만 제 주변 남자들은 멋있다고 생각하더라고요. 뭐, 어디까지나 개인 취향이니까요. チャラい는 경박한 모양을 나타내는 ちゃらちゃら라는 단어가 줄어서 생겨난 말로 언행이 경박하다는 의미입니다. 또, 옷이 치렁치렁해 단정하지 못하며 화려하긴 한데 싸구려 티가 날 때도 이 표현을 사용해요. 그리고 외형적으로 성실함과는 거리가 멀며, 껄렁껄렁한 남자를 チャラい男, 화장이나 복장이 날 티 나는 여자를 チャラい女라고 부릅니다.

🐵 실전 대화

M このプリの真ん中の子、紹介してよ。
W あー だめ。その子、彼氏いる。その隣の子はどう？
M えっ、ギャルでしょ。なんかチャラそう。チャラい女はパスだな。
W いや、見た目は派手だけど、中身は意外と家庭的だよ？

M 이 스티커 사진 가운데에 있는 애, 소개시켜 줘.
W 아, 안 돼. 걔는 남자친구 있어. 그 옆에 있는 애는 어때?
M 에이, 갸루잖아. 뭔가 경박해 보여. 싼 티 나는 여자는 패스야.
W 아니야, 겉모습은 화려해도 속은 의외로 가정적이라니깐?

🐵 표현 활용

+ 言ってる一言一言全部チャラい、チャラすぎるよ。
+ チャラ男は好きじゃないの。

· 말 하는 거 하나하나가 다 싼 티 나. 너무 경박해.
· 싼 티 나는 남자는 싫어.

> プリ 스티커사진
> チャラ男(=チャラい男)
> 경박한 남자

DAY 10

せこい

쩨쩨하다, 약았다

쿠폰이나 포인트 카드를 필사적으로 찾아 조금이라도 싸게 사려는 남자, 데이트 비용을 잔돈까지 딱 맞춰 더치페이를 하자는 남자! 스스로는 절약정신이 투철한 자세가 흐뭇하겠지만 여자들이 봤을 땐 쩨쩨해 보이며 매력 없는 스타일이에요. 물론 그런 스타일을 좋아하는 여자들도 있겠지만요. 돈 문제로 치사하게 구는 사람들 중에는 けち구두쇠들이 많지요. 일본에서는 名古屋나고야 지방 사람들이 짠돌이로 유명해요. 보통 인색하다고 할 때 けちくさい나 せこい라는 표현을 즐겨 쓰는데, せこい는 '인색하다', '쩨쩨하다' 혹은 '교활하다', '약았다'는 뜻이랍니다. 교활하다고 할 땐 ずるい나 ずるかしこい로 바꿔 쓸 수도 있어요.

실전 대화

M おふくろー！シャンプー切れた！
W え、まだあるでしょ？ボトルに水入れて薄めて使いなさい！
M うわ、せこっ！新しいのちょうだい。
W 何言ってんの。もったいないでしょ。

M 엄마! 샴푸가 떨어졌어!
W 엉? 아직 있을걸? 병에 물 넣어 희석해 써!
M 우와, 쩨쩨하게! 새 거 줘.
W 무슨 소리야. 아깝잖아.

표현 활용

+ 100円まで割り勘しようとするなんて、せこすぎるにもほどがあるよ。
+ せこい人とだけは絶対に付き合いたくないよね。

· 100엔까지 더치페이 하려고 하다니 쩨쩨하게 구는 데에도 정도가 있다고.
· 인색한 사람만큼은 절대 사귀고 싶지 않아.

薄める 묽게하다
ちょうだい 주세요
もったいない 아깝다

たくましい

씩씩하다, 늠름하다

갓 일본어 공부를 시작했을 무렵 たくましい라는 단어가 하도 안 외워져 나름 유치한 연상법을 도입해 기무라 타쿠야는 '타쿠마시이'라고 외웠어요. たくましい는 '씩씩하다, 늠름하다'라는 뜻입니다. 외형적으로 체격이 좋고 다부진 느낌일 때도 쓰고, 기질이 강인함을 나타낼 때도 쓰는 단어이지요. 보통 남자들은 눈물 콧물 쏙 빼는 화생방훈련과 깡으로 버티는 유격훈련을 받고 진짜 사나이가 되면 늠름해지는 것 같고요. 女は弱し、されど母は強し 여자는 약하지만 엄마는 강하다란 말도 있듯이 여자들은 엄마가 되면 씩씩해지는 것 같아요.

실전 대화

W もしもし、健一？大学はどう？一人暮らしは慣れた？
M うん。家事、洗濯、部屋なんてゴミひとつないぜ。ゴキブリも大丈夫だし。
W たくましくなったね。前は「お母さん！お母さん！」って何でも呼び出してたくせに。
M いつの話だよ。オレもう大学生だよ？一人で何でもできるって。

W 여보세요, 겐이치? 대학은 어때? 혼자 사는 것은 익숙해졌니?
M 응. 집안일, 빨래, 방에도 쓰레기 하나 없어. 바퀴벌레도 괜찮고.
W 씩씩해졌네. 전에는 '엄마, 엄마!' 하고 무슨 일이든지 불러 대더니.
M 언젯적 얘기야. 나 이제 대학생이거든? 혼자서도 뭐든지 할 수 있다고.

표현 활용

+ 女性は子供産むとたくましくなるよね。
+ 自分よりたくましい女はタイプじゃないんだってさ。

· 여자는 아이를 낳으면 늠름해지네.
· 나보다 늠름한 여자는 타입이 아니라니까.

DAY 10 049

鈍くさい

굼뜨다, 느려 터지다

臭いた '냄새가 구리다'는 뜻인데요. 단어 꽁무니에 붙으면 '정도가 심하다'라는 뉘앙스로도 쓰입니다. 面倒귀찮음+臭い구리다 = 面倒くさい몹시 귀찮다처럼 말이지요. 鈍둔함이라는 단어에 臭い가 붙어 鈍くさい라고 쓰면 '행동이 빠릿빠릿하지 못하고 느려 터지다'는 의미가 됩니다. 행동이 굼뜬 것뿐만 아니라 새로 배우거나 이해하는 속도가 느리고 어리어리할 때도 이 표현을 쓴답니다. 써놓고 보니 전부 제 이야기네요. 흑흑.

실전 대화

W 今年入ってきた新人どう?
M だめ、全然だめ。使えない子ばっかり。
W うちのとこもそう。何するにも遅いし、指示すればミス連発するし。
M そーそー、鈍くさいんだよね。

W 올해 들어온 신입들은 어때?
M 못 쓰겠어, 전혀 아니야. 쓸모없는 애들뿐이야.
W 우리 쪽도 그래. 뭘 해도 느리고 지시하면 실수만 연발하고.
M 맞아, 느려 터졌어.

표현 활용

+ そんな言われるほど鈍くさくはないと思うんだけどな。
+ もー、鈍くさいなあ、足手まといにだけはならないでよね。
+ 鈍くさいとか言わないでよ、私だって精一杯なんだから。

· 그런 말 들을 정도로 굼뜨지는 않다고 생각하는데.
· 아, 느려 터졌어. 거치적거리지만 말아 줘.
· 굼뜨다고 하지 마, 나도 최선을 다하고 있으니까.

使えない 쓸모없다
足手まとい 거치적거리다
精一杯 힘껏, 최대한

DAY 10

じれったい

답답하다, 감질나다

푹푹 찌는 열기와 땀 냄새, 한여름 콩나물시루 같은 출근길 전철 안은 숨 쉬기가 힘들 정도로 갑갑하지요. 이렇게 숨 막히게 답답할 때에는 息苦しい라고 합니다. 체한 듯 속이 더부룩해 답답하다고 할 때는 胃が持たれる라고 하고요. 여러분은 언제 답답함을 느끼시나요? 대학까지 졸업시켜 놨더니 취직은 안 하고 맨날 집에서 게임만 하는 자식, 좋아하는 사람에게 고백도 못하고 늘 가슴앓이만 하는 친구, 하나를 가르쳐 주면 열을 까먹는 회사 후배를 보면 엉덩이를 힘껏 걷어차 주고 싶을 만큼 가슴이 답답하지요. 이렇게 상대방의 행동이 성에 차지 않아 안타깝고 답답할 땐 じれったい라고 말합니다. もどかしい나 はがゆい도 비슷한 뜻이니 몽땅 같이 외워 버립시다!

실전 대화

M 電話番号、これで合ってる？
W あー違う。010-4321-5678。
M 010-4321……。えーっと、なんだっけ？
W あーじれったいなあ。電話貸して。私がかけるから。

M 전화번호 이거 맞아?
W 아, 아니야. 010-4321-5678.
M 010-4321……. 어, 뭐였더라?
W 아, 답답하네. 휴대전화 줘 봐. 내가 걸 테니까.

표현 활용

+ じれったいなあ、好きなら好きって早く言ってよ。
+ もう、はっきり言ってよ。じれったくてしょうがないわ。

· 답답하네. 좋아하면 좋다한다고 빨리 말해.
· 아, 확실히 말해. 답답해서 못 참겠어.

DAY 11

51 しんどい 힘들다
52 興味深い 매우 흥미롭다
53 用心深い 신중하다
54 むきになる 정색하다, 화내다
55 テンパる 다급해지다, 초조해하다

DAY 11

しんどい

힘들다

'아따, 거시기, 참말로 걸쩍지근하게 잘 먹었소!' 오잉? 어느 지방 사투리지? 듣기엔 사투리가 아닌가 싶지만 아따, 거시기, 참말로, 걸쩍지근 모두 어엿한 표준어 단어들입니다. 이렇게 사투리처럼 보이는 표준어들도 많고, 표준어는 아니지만 전국적으로 널리 쓰이는 사투리도 많지요. 일본에서는 오사카를 중심으로 하는 관서지방의 関西弁관서 사투리 단어들이 거의 표준어처럼 널리 사용되고 있답니다. 그 대표적인 단어가 바로 'しんどい'가 아닐까 싶어요. 疲れる 지치다, 피로해지다 와 유사한 의미인데요, 일이 벅차서 '아~ 힘들어'라고 하거나 몸이 고되서 '아~ 피곤해!'라고 할 때 이 표현을 즐겨 쓴답니다.

실전 대화

M ハックション!
W うわ、どうしたの? 風邪? 大丈夫?
M だめ、すげえしんどい。
W 鼻水ダラダラじゃん。今日はもう上がったら?

M 에취!
W 우와, 어떻게 된 거야? 감기야? 괜찮아?
M 안 되겠어. 너무 힘들어.
W 콧물이 줄줄 흐르잖아. 오늘은 그만 끝내고 들어가지 그래?

표현 활용

+ 今日あの日だからかな、体めっちゃしんどいわ。
+ 女だけの職場ってさ、人間関係ハンパなくしんどいよ。

· 오늘은 그날이어서인지, 몸이 엄청 피곤해.
· 여자뿐인 직장은 말이야, 인간관계가 장난 아니게 힘들어.

上がる 끝나다, 마치다
ハンパない 장난 아니다, 대단하다

DAY 11

興味深い
きょうみぶか

매우 흥미롭다

아이돌 가수 A모 군, 연상의 여배우와 해외에서 다정한 데이트 장면 포착! 뭐야, 뭐야! 광속으로 클릭해 보면 '이게 뭐람! 새 드라마 촬영이라니! ちくしょう젠장! 또 낚였잖아' 이런 경우처럼 사람들에게 기사를 읽히려면 팩트만 써서는 흥미를 불러일으키기 쉽지 않지요. 그래서 머리기사는 과장하거나 자극적으로 쓰는 경우가 많다고 하지요. 이력서를 쓸 때도 마찬가지로 성장과정 중 있었던 興味深い매우 흥미로운 경험을 한두 가지 덧붙이면 면접관의 눈길을 사로잡을 수 있겠지요.

실전 대화

W この論文、導入のところもう少し簡潔に書いた方がいいよ。
M わかりました。全体的な内容はどうでした？
W うん、なかなか興味深いよ。このテーマでもう少し書いてみたら？
M 本当ですか。じゃあ、また改めて書き直してきます。

W 이 논문, 도입부를 좀 간결하게 쓰는 편이 좋아.
M 알겠습니다. 전체적인 내용은 어떤가요?
W 응, 매우 흥미로워. 이 테마로 좀 더 써 보는 게 어때?
M 정말입니까? 그럼, 다시 고쳐서 써 오겠습니다.

표현 활용

+ それはまた興味深い話だね。
+ 興味深い記事見つけたんだけど見てみる？
+ 今年の日韓戦は興味深い一戦になりそうだね。

· 그건 또 매우 흥미로운 이야기네.
· 매우 흥미로운 기사를 찾았는데 볼래?
· 올해 한일전은 매우 흥미로운 싸움이 될 것 같아.

論文 논문
導入 도입
簡潔 간결
改めく 새롭게 다시 하는 모양, 새삼스럽게

DAY 11

用心深い
ようじんぶか

신중하다

어릴 때에는 길거리에 火の用心불조심 포스터라던가 犬用心개조심, すりに用心소매치기 조심이라는 문구가 벽보로 많이 붙어 있었는데, 요즘은 거의 볼 수가 없는 것 같아요. 用心은 '조심', '주의'라는 뜻이고, 用心深い라고 하면 신중하다는 뜻이 됩니다. 石橋を叩いて渡る돌다리도 두들겨 보고 건너라라는 속담이 일본에도 있는 걸 보면 무슨 일이든 신중하게 처리하는 태도는 어디에서나 중요한 것 같아요.

실전 대화

W 一人暮らしするんでしょ？家決まった？
M まだ。防犯とかってどうしてる？
W うちは玄関の鍵3つ、あとCCTVも室内に設置してもらったよ。
M 用心深いね。でもさすがに室内に防犯カメラはやりすぎじゃない？

W 자취하고 있지? 집은 결정했어?
M 아직. 방범은 어떻게 하고 있어?
W 우리는 현관에 열쇠 세 개, 또 CCTV도 실내에 설치했어.
M 신중하네. 하지만 역시 실내에 방범카메라는 너무 지나친 거 아냐?

표현 활용

+ 用心深いのはいいけど毎日疲れない？
+ もう少し用心深い人かと思ってたけど、そうでもないんだね。
+ 初めての海外なら用心深く行動したほうがいいよ。

· 신중한 건 좋은데 매일 지치지 않아?
· 좀 더 신중한 사람이라고 생각했었는데 그렇지도 않네.
· 처음으로 해외를 가는 거라면 신중하게 행동하는 게 좋아.

一人暮らし 자취
防犯 방범

DAY 11

むきになる

정색하다, 화내다

사소한 농담이라 생각했는데 상대방이 갑자기 버럭 화를 내면 무척 놀라고 무안하지요. 보통 화를 내다는 怒(おこ)る나 腹(はら)を立(た)てる라고 하는데요, 별일 아닌 일에 정색을 하거나 화를 내는 것은 むきになる라고 합니다. 보통 이럴 경우엔 도둑이 제 발 저리고, 똥 싼 놈이 성낸다고 십중팔구 상대방에게 뭔가 켕기는 일이 있을 확률이 높아요. 그런 게 아니라면 상대방의 천성이 다혈질이거나 컨디션이 무지 좋지 않아 예민해진 상태이거나요. 아무튼 너무 자주 정색을 하면 주변 사람들이 수상히 여기거나 대화하길 꺼릴지도 모르니 화가 나더라도 사소한 일들은 참으려고 노력해 봅시다.

실전 대화

M じゃんけんぽん！ はい！ 俺(おれ)の勝(か)ち～。
W ちょっと待(ま)って、今(いま)の後出(あとだ)しだったでしょ！ もう一回(いっかい)！ ほら！ 早(はや)く！
M そんなむきになるなよ。たかがゲームじゃん。
W やだ！ もっかいやるの！

M 가위바위보! 오! 나의 승리야.
W 잠깐만, 지금 판은 나중에 냈잖아! 다시 한 번 하자! 자, 얼른!
M 그렇게 정색하지 마. 고작 게임일 뿐이잖아.
W 싫어! 다시 한 번 하자!

표현 활용

+ そんなにむきになることはないでしょう。
+ むきになってる姿(すがた)もかわいいね。

· 그렇게 정색할 거 없잖아.
· 화내는 모습도 귀엽네.

じゃんけんぽん 가위바위보
後出(あとだ)し 나중에 내기
たかが 고작, 기껏해야

DAY 11

テンパる

다급해지다, 초조해하다

긴장감이나 스트레스 등으로 마음에 여유가 없을 경우, テンパる라는 표현을 자주 쓰는데요. '다급해지다, 초조해하다'라는 뜻입니다. 회화에서는 テンパってる 긴장하고 있다, 초조해하고 있다라는 진행형으로 많이 씁니다. 이 단어는 어원이 재미있어요. 마작에서 テンパイ란 용어가 '원하는 패가 한 장만 들어오면 이기는 상태'를 뜻하는데요. 이 단어가 변해서 テンパる가 되었답니다. 원하는 패가 들어오면 승산이 있으니까 얼마나 긴장감이 팽팽해진 상태일까요. 그런 까닭에 이 단어가 '다급해지다, 초조해하다'라는 뜻이 된 것 같아요.

실전 대화

W ねえ、ちょっと！このプリにいる子だれ？もしかして違う女？
M え？何々？何のプリ!?ってなんだよ、妹だよ、それ。
W 今すごいテンパってたよ。もしかしてなんか隠してない？
M ないない。冗談やめろよな。マジテンパったよ。

W 저기 잠깐! 여기 스티커사진에 있는 애는 누구야? 혹시 다른 여자?
M 뭐? 뭐라고? 무슨 사진!? 뭐야, 동생이야, 그거.
W 지금 엄청 다급해했어. 혹시 뭔가 숨기는 거 있어?
M 없어. 농담은 그만해. 진짜 긴장했다고.

표현 활용

+ 突然呼び出されるとテンパるよね。
+ テンパると全身から汗ぶわって出てくるよね。
+ 財布なくしてテンパってたら知らない人がお金貸してくれた。

· 갑자기 불러 내면 긴장돼.
· 초조해지면 전신에서 땀이 확 난다니까.
· 지갑을 잃어버려서 초조해하고 있었는데 모르는 사람이 돈 빌려줬어.

> ぶわっ (의성어) 확

DAY 12

56 空気を読む 분위기 파악을 하다
57 気が利く 센스가 있다, 눈치가 빠르다
58 話が早い (말하려는 내용을) 금방 이해하다
59 耳が早い 귀가 밝다, 소문 입수가 빠르다
60 融通が利かない 융통성이 없다

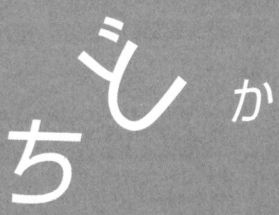

DAY 12 056

空気を読む

분위기 파악을 하다

유난히 분위기 파악을 못하는 사람들이 있지요. 이런 사람들은 자기만 재미있는 썰렁한 이야기를 해서 더욱더 분위기를 깨곤 하는데요. 일본에서도 썰렁하다고 할 때 우리처럼 '춥다'라는 단어인 さむい를 쓰고, 분위기를 깬다고 할 땐 しける 라고 해요. 그리고 분위기 파악을 하다는 空気を読む, 반대로 분위기 파악을 못하다는 空気を読めない라고 합니다. 젊은 층에서는 이렇게 분위기 파악을 못하는 걸 두고 空気의 머리글자 K와 読めない의 머리글자 Y를 따서, KY라는 약자로도 많이 사용합니다.

실전 대화

M おい、見ろよ。先生鼻毛出てる。
W うわー、あれはまずいね。こっそり教えてあげなきゃ。
M せんせー!!
W しっ! 空気読みなよ。みんなの前で言ったらかわいそうでしょ。

M 야, 봐 봐. 선생님 코털 나왔어.
W 우와, 저거 안 되겠다. 살짝 알려 드려야겠어.
M 선생님!!
W 쉿! 분위기 파악 좀 해. 학생들 앞에서 말하면 불쌍하잖아.

표현 활용

+ ほんとお前って空気読めないよね。
+ 少しは空気読めよ。
+ KYって書いて空気読めないって読むんだよ。

· 너는 진짜 분위기 파악을 못하는구나.
· 조금은 분위기 좀 파악하라고.
· KY라고 쓰고 분위기 파악 못한다고 읽는 거야.

鼻毛 코털
こっそり 살짝

DAY 12

気が利く

센스가 있다, 눈치가 빠르다

상사에게 혼나 우울해하고 있는데, 어깨를 토닥이며 슬쩍 음료수를 건네는 동료. 월급 전날이라 주머니 사정이 안 좋은데, 어찌 알고 '오늘은 내가 쏠게'라고 말하는 여자친구. 설거지하기가 죽기보다 귀찮아 소파에 누워 뒹굴었더니 슬쩍 일어나 설거지를 해 주는 남편. 정말 気が利く센스가 있는 사람들이 아닐 수 없어요. 이렇게 센스 있고 눈치 빠른 사람들은 주변 사람들로부터 사랑을 받지요. 반대로 気が利かない눈치가 없는 사람들은 자신이 눈치가 없다는 것조차 자각하지 못하는 경우가 많아, 주변 사람들의 뒷담화에 오르내리기 십상이에요.

실전 대화

M アイスコーヒーは部長で、カフェラテは伊藤さんだよね。
W ありがとー。ってあれ？お砂糖は？
M あ、必要だった？
W もー、買い出し何回目？ほんと気が利かないよね。

M 아이스커피는 부장님이고, 카페라테는 이토 씨 맞죠?
W 고마워. 어, 뭐야. 설탕은?
M 아차, 필요했어?
W 정말, 심부름이 몇 번째야. 진짜 센스가 없네.

표현 활용

+ さすが先輩、気が利いてますね。
+ 気の利いたこと少しくらい言えないのかね。
+ うちの会社の先輩、ほんと気が利かない。

· 역시 선배는 센스가 좋네요.
· 조금이라도 눈치 있게 말할 순 없어?
· 우리 회사 선배, 진짜 눈치가 없어.

買い出し 심부름

DAY 12 058

話が早い
(말하려는 내용을) 금방 이해하다

엄마와 아기의 대화를 보면 참 신기해요. 주변 사람들에게는 의미 없는 옹알거림을 금방 알아듣거든요. 아마도 상대방에 대한 애정과 끊임없는 관찰의 결과겠지요. 상황은 조금 다르지만 사회생활을 하다 보면 탁 하면 척 하고 눈치껏 상대방의 이야기를 잘 알아듣는 사람들이 있어요. 이런 사람들과는 말이 잘 통해 일의 진행이 빨리 이루어지지요. 일본어로는 상대방의 이야기를 금방 이해하는 것을 話が早い라고 합니다.

실전 대화

W 今度の商談、ほんとに大丈夫なの？
M 大丈夫っすよ。俺、その企業と何度か一緒に仕事してるんで。
W なら話早いね。交渉役お願いしちゃってもいいかな。
M はい、任せてくださいよ。

W 이번 미팅, 정말 괜찮겠어?
M 괜찮아요. 전 그 기업하고 몇 번 같이 일했으니까.
W 그럼 말이 잘 통하겠네. 교섭인 역할을 부탁해도 될까?
M 네, 맡겨만 주세요.

표현 활용

+ さすが話が早いね。
+ あの人に頼めば話早いよ。
+ やったことあるの? じゃあ、話が早いね。

· 역시 말을 잘 알아듣는구나.
· 저 사람한테 부탁하면 이야기를 잘 알아들을 거야.
· 해 본 적 있어? 그럼 금방 이해하겠네.

商談 거래 상담
交渉 교섭

DAY 12

耳が早い

귀가 밝다, 소문 입수가 빠르다

사오정처럼 귀가 어두워 말귀를 잘 못 알아들으면 농담 반 구박 반으로 '귀 파라!' 라고 타박을 듣지요. 일본어로 '귀가 어둡다'는 耳が遠い라고 합니다. 반대로 소리를 잘 듣는다는 의미로 '귀가 밝다'는 耳がいい라고 합니다. 耳が早い는 '귀가 밝다'는 뜻이긴 한데, 단순히 소리를 잘 듣는다는 의미가 아니라 噂소문를 빨리 듣는다는 뜻입니다. 주변에 남들보다 소문이나 정보를 빨리 입수하는 사람들이 꼭 있지요. '영업부 김 대리가 10살 연상녀랑 결혼한대, 거래처 김 부장은 곧 잘린다는 이야기가 있어' 이렇게 동료들의 경조사뿐만 아니라 거래처의 인사이동에 관한 소문까지 줄줄 꿰고 있는 사람들 말이에요. 일본에서는 이런 사람들을 地獄耳라고 부릅니다.

🐵 실전 대화

W 先輩! これ、プレゼントです。
M おー なんだよ、突然。
W 今度の人事で昇進するって聞きましたよ。おめでとうございます。
M お前耳が早いな。もう知ってるのか。

W 선배! 이거요, 선물입니다.
M 오, 뭐야? 갑자기.
W 이번 인사에서 승진하신다고 들었어요. 축하드립니다.
M 너, 귀가 밝구나. 벌써 알았어?

🐵 표현 활용

+ 私、耳早いんだよね。その話ならもう知ってるよ。
+ さすが社長、お耳が早いですね。

· 나, 귀가 밝거든. 그 이야기라면 벌써 알고 있어.
· 역시 사장님이셔, 소식통이시네요.

人事 인사
昇進 승진
さすが 역시

DAY 12

融通が利かない
ゆうずう　き

융통성이 없다

예로부터 일본에서는 地震지진, 雷벼락, 火事화재, 親父아버지를 네 가지 무서운 것으로 여겨 왔는데요. 아마 아버지가 무서운 이유는 옛날의 아버지들이 권위의식이 강하고, 頭が堅くて생각이 완고하고, 모든 일에 융통성 없기 때문인 것 같아요. 이런 아버지들을 흔히 頑固親父고지식한 아버지라고 불러요. 요즘은 무서운 이미지의 아버지보다는 친구처럼 다정한 아버지들이 많이 늘어 가는 추세이지요. 일본어로 '융통성이 없다'는 融通が利かない라고 하는데요. 원리원칙만 지키고 융통성이 너무 없으면 함께 지내는 사람들도 답답하고, 주변 사람들에게 이해를 못 받으니 본인도 여러모로 답답할 것 같아요.

🐵 실전 대화

W ねえ、なんで店閉めようとしてんの？
M え、でも時間になったらお店閉めろって先輩が言ったんじゃないですか。
W もう少し融通利かせられないの？お客さん残ってる時は違うでしょ。
M はあ、すいません。

W 있잖아, 왜 가게를 닫으려고 하는 거야?
M 어, 그게 시간이 되면 가게를 닫으라고 선배가 말씀하셨잖아요.
W 좀 더 융통성 있게 일할 수 없어? 손님이 남아 계실 때는 다르잖아.
M 아, 죄송합니다.

🐵 표현 활용

+ あいつ、ほんと融通が利かないよな。
+ うちの人、真面目すぎて融通利かないから困る。

· 저 녀석은 정말 융통성이 없어.
· 우리 집사람은 너무 성실해 융통성이 없어서 곤란해.

DAY 13

61 口が滑る 말실수하다
62 口が堅い 입이 무겁다
63 理想が高い 눈이 높다
64 小耳に挟む 언뜻 듣다
65 水に流す 지난 일을 없었던 셈으로 치다

DAY 13

口が滑る
くち すべ

말실수하다

한 번 엎질러진 물과 한 번 내뱉은 말은 주워 담을 수 없는 법이지요. 그러나 살다 보면 아무리 조심해도 '아차, 말이 잘못 나왔다'라며 당황하는 경우가 생기기 마련인데요. 일본에서는 이렇게 말실수하는 것을 口が滑る^{입이 미끄러지다}라고 재미있게 표현합니다. 본의 아니게 말이 헛나왔을 경우, 구차한 言い訳^{변명}을 늘어놓으면 상황이 걷잡을 수 없이 나빠져 상대방이 더 빈정 상할 수 있어요. 그럴 땐 솔직히 인정하고 쿨하게 사과하는 게 좋겠지요.

실전 대화

M お前、オレの追試の話を彼女に話しただろう。
W あー 赤点取ったとは言ったかも……。
M 同じことだろ。昨日すげえ笑われたんだからな。
W ごめんごめん、つい口滑らしちゃった。

M 너, 내 추가시험 얘기를 걔한테 말했지?
W 아아, 낙제점 받은 일은 말했을지도…….
M 똑같은 말이잖아! 어제 엄청 비웃음 당했단 말이야.
W 미안 미안, 말이 그만 잘못 나와 버렸어.

표현 활용

+ 口が滑ったとかそんな言い訳は許さないよ。
+ やべえ!口が滑った。
+ あいつ!みんなの前で口滑らしたな!

· 말이 잘못 나왔다는 그런 변명은 용서 못해.
· 큰일이다! 말이 잘못 나왔어.
· 그 자식! 사람들 앞에서 입을 잘못 놀렸겠다!

追試 추가시험
赤点 낙제점

DAY 13

口<rb>くち</rb>が堅<rb>かた</rb>い

입이 무겁다

口<rb>くち</rb>が堅<rb>かた</rb>い입이 무거운 사람과 無口<rb>むくち</rb>과묵한 사람은 아주 큰 차이가 있지요. 입이 무거운 사람은 다른 사람들에게 알려져서는 안 될 이야기를 절대 입 밖으로 내지 않는 사람이고, 과묵한 사람은 다른 사람들에게 알려져도 될 이야기도 좀처럼 입 밖으로 내지 않는 사람이지요. 그리고 口<rb>くち</rb>が軽<rb>かる</rb>い입이 가벼운 사람과 おしゃべり수다쟁이도 큰 차이가 있는데요. 입이 가벼운 사람은 발설해서는 안 될 말을 많이 하는 사람이고, 말이 많은 수다쟁이는 그냥 아무 말이나 많이 하는 사람이지요.

실전 대화

M 相談事<rb>そうだんごと</rb>って何<rb>なに</rb>?
W うん、実<rb>じつ</rb>は彼氏<rb>かれし</rb>のことで……。
M 言<rb>い</rb>ってみろよ。安心<rb>あんしん</rb>しな！オレ結構口堅<rb>けっこうくちかた</rb>いから！
W ほんとに？絶対<rb>ぜったい</rb>に誰<rb>だれ</rb>にも言<rb>い</rb>わないでよ。

M 상담할 일이라는 게 뭐야?
W 응, 사실은 남자친구 일 때문에…….
M 말해 봐, 안심해! 나는 꽤 입이 무거우니까!
W 정말? 절대 다른 사람한테 말하면 안 돼!

표현 활용

+ 次付<rb>つぎつ</rb>き合<rb>あ</rb>うなら絶対<rb>ぜったい</rb>に口<rb>くち</rb>の堅<rb>かた</rb>い人<rb>ひと</rb>がいい。
+ 口<rb>くち</rb>が堅<rb>かた</rb>いのなんのって、結局<rb>けっきょく</rb>なんも教<rb>おし</rb>えてもらえなかった。
+ あの人<rb>ひと</rb>、ほんと口堅<rb>くちかた</rb>いよね。

· 다음에 사귀는 사람은 절대로 입이 무거운 사람이 좋아.
· 입이 무겁다면서, 결국 아무것도 알려주지 않아.
· 저 사람은 정말 입이 무거워.

無口<rb>むくち</rb> 과묵함
相談事<rb>そうだんごと</rb> 상담할 일

DAY 13

理想が高い

눈이 높다

시집 장가 못 간 노처녀 노총각 들이 듣기 싫어하는 말 중 하나가 눈이 높아서 결혼을 못한다는 말인 것 같아요. 그저 44반 사이즈의 몸매와 이목구비가 오밀조밀한 참한 얼굴에, 애교 많고, 남자친구의 빈 지갑에 용돈을 살짝 찔러 넣어줄 만한 경제력과 센스를 겸비하고, 갈비찜 정도는 뚝딱 만들 수 있는 요리 실력을 갖춘 여자면 되는걸요. 빼어난 조각미남은 아니더라도 훈남에, 친구들에게 자랑하고 싶을 만큼 높은 연봉에, 자상한 남자면 되고요. 理想が高い(눈이 높다)고요? 아니, 너무 그렇게 몰아세우지 마세요. 눈이 높아서라기보다 단지 취향이 남들과 약간 다르고 아직 인연이 닿는 상대를 못 만난 것뿐이라고요.

실전 대화

M どんな人となら すぐにでも結婚する？
W 180センチ以上、イケメンで家は都内にあるおぼっちゃま。
M いや、それは理想高すぎでしょ。
W やっぱり？

M 어떤 사람이여야 바로 결혼할 거야?
W 180cm 이상, 잘생기고 집은 시내에 있는 도련님.
M 아니, 눈이 너무 높은 거 아니야?
W 역시 그런가?

표현 활용

+ みんなから理想高いってよく言われるでしょ。
+ 理想が高すぎると結婚できないよ。

· 사람들에게 눈이 높다는 말, 자주 듣지?
· 눈이 너무 높으면 결혼 못해.

イケメン 잘생긴 남자
おぼっちゃま 도련님

DAY 13

小耳に挟む

언뜻 듣다

들을 의도가 없었는데 우연찮게 다른 사람의 이야기를 주워듣는 경우가 있어요. 버스에서 옆자리에 앉은 사람의 전화통화라든가, 커피숍에서 옆 테이블 사람들이 나누는 이야기 같은 거죠. 듣고 싶지 않아도 저절로 들리니 가끔은 난감한 경우가 생기는 것 같아요. 솔직히 다른 사람이 늘어놓는 자기 자랑은 별로 듣고 싶지 않잖아요. 반면 누군가 싸우는 소리는 귀가 쫑긋해 더 듣고 싶어지는 게 사람의 심리 같아요. 아무튼 일본어로 언뜻 듣다, 얼핏 듣다는 小耳に挟む라고 합니다. 耳가 들어가는 관용어 중엔 初耳 금시초문, 처음 듣는 말도 많이 쓰이니까 함께 공부해 두기로 해요.

실전 대화

W ねえ、先生遅くない？
M あとで抜き打ちテストするらしいよ。その準備でしょ。
W え、マジで？どこでそんな事聞いたの？
M さっき職員室で。ちょっと小耳に挟んだんだよね。

W 있잖아, 선생님 늦는 거 아니야?
M 이따가 불시에 시험 본다는 것 같아. 그 준비를 하시겠지.
W 뭐, 정말? 어디서 그런 말 들었어?
M 아까 교무실에서. 언뜻 들었어.

표현 활용

+ ねえ、聞いて聞いて！すごい事小耳に挟んじゃった。
+ あのさ、ちょっと小耳に挟んだんだけど。

· 저기, 내 말 좀 들어 봐! 엄청난 얘기를 얼핏 듣고야 말았어.
· 있잖아, 언뜻 들은 이야기이긴 한데.

抜き打ちテスト 예정에 없는 시험
職員室 교무실

DAY 13

水に流す
みず　なが

지난 일을 없었던 셈으로 치다

흔히 술자리를 빌어 '자자, 술 한잔하고 없었던 일로 합시다'라고 상대가 청하면 못 이기는 척 화해하는 일이 많지요. 이럴 때 사용하는 표현이 바로 水に流す입니다. '서운했던 감정이나 케케묵은 응어리, 불쾌하거나 안 좋았던 기억 등을 없었던 일로 돌리다'라는 의미입니다. 일본에서는 예로부터 전염병이 돌면 지저분한 몸을 강물에 씻어 질병으로부터 자신의 생명을 지키려는 풍습이 있었다고 해요. 아마 이 표현 역시 이런 관습에서 유래된 것 같네요. 이 표현은 과거를 잊고 긍정적으로 새롭게 출발하자는 좋은 의미로도 사용하지만, 자신에게 불리한 일을 없었던 일로 돌려 스리슬쩍 넘어가려는 사람들도 자주 사용하는 것 같아요.

실전 대화

M　迷惑かけてきてすまなかった。
W　ううん、私も昔のことにこだわりすぎてたと思う。
M　今までのことは水に流してもう一度やり直せないかな。
W　そうだね。

M　폐 끼쳐서 미안했어.
W　아냐, 나도 옛날 일에 너무 집착한 것 같아.
M　지금까지의 일은 없었던 셈으로 치고 다시 한 번 시작할 순 없을까?
W　그러자.

표현 활용

+ お互い過去のことは水に流そう。
+ 色々あったけど、きれいさっぱり水に流そうよ。

· 서로 과거의 일은 없었던 걸로 하자.
· 여러 가지 일이 있었지만 깔끔하게 잊어버리기로 하자.

> こだわる 집착하다
> やり直す 다시하다

DAY 14

66 当てにならない 의지가 안 된다, 믿을 수 없다
67 お互い様 피차일반, 마찬가지
68 ろくでもない 하찮다, 변변찮다
69 欠かせない 빠뜨릴 수 없는, 불가결한
70 羽目になる 처지가 되다

DAY 14

当<ruby>て</ruby>にならない

의지가 안 된다, 믿을 수 없다

나이 지긋하신 분들은 집안에 의사나 변호사가 한 명쯤은 있어야 한다는 말씀을 많이 하시지요. 아무래도 누가 아프거나 법적인 문제에 휩쓸릴 경우에 의지가 되기 때문인 것 같아요. 일본어로 '의지가 되다'는 当てになる라고 합니다. '믿을 수 있다'는 뉘앙스로도 쓰이는데요. 이 표현은 お前なんか当てにならない너 따윈 의지가 안 돼, 天気予報は当てにならない일기예보는 믿을 수가 없어처럼 부정형의 형태로도 많이 쓰이고, 문맥에 따라 '의지가 되지 않는다, 도움이 되지 않는다, 믿을 수가 없다, 기대할 수 없다' 등으로 여러 가지 해석이 가능합니다.

실전 대화

M 今日のテストどうだった？ オレ、全滅。
W 私も。ってゆーか佐々木が教えてくれたところなんて、全く出なかったし。
M あいつのヤマ、当てになんねえな。
W 信じた私がバカだったわ。

M 오늘 시험 어땠어? 난 전멸이야.
W 나도. 뭐랄까, 사사키가 알려준 부분은 전혀 안 나왔어.
M 그 녀석의 예상은 도움이 안 된다니까.
W 믿은 내가 바보였어.

표현 활용

+ 占いなんか当てになんないよ。
+ ネットの情報は当てにならないよ。

· 점 같은 건 도움이 안 돼.
· 인터넷 정보는 믿을 수가 없어.

ヤマ 예상
占い 점
ネット 인터넷

DAY 14

お互^{たが}い様^{さま}

피차일반, 마찬가지

남자들은 여자들이 돈 많고 능력 있는 남자만 좋아한다고 속물 취급을 하지만, 사실 양쪽 다 마찬가지예요. 남자들도 얼굴이 예쁘고 몸매 좋은 여자를 밝히니까요. 양쪽의 상황이 서로 다르지 않아 '피차일반'이라는 말을 쓰고 싶을 때에는 お互い様라고 합니다. 가만히 보면 일본에서는 감사의 마음을 전하거나 사과하는 상대편을 배려하는 차원에서 お互い様です^{피차일반인걸요}라는 표현을 자주 쓰는 것 같아요. 본의 아니게 민폐를 끼쳐 사과를 했는데 상대방이 저렇게 말해 주면 마음의 짐이 한결 덜어지지요. 감사를 표했을 때도 상대편이 저렇게 배려해 주면 더욱 감사하는 마음이 들 것 같아요.

실전 대화

W 先輩、この資料使ってください。
M え、これってお前が一生懸命集めたデータじゃん。悪いよ。
W いえいえ、お互い様ですから。この前先輩も同じように助けてくれたじゃないですか。
M ありがとう。それじゃ遠慮なく使わせてもらうよ。

W 선배님, 이 자료를 쓰세요.
M 엇, 이건 네가 열심히 모은 데이터잖아. 미안해서 영.
W 아뇨, 피차일반인걸요. 얼마 전에 선배님도 똑같이 도와주셨잖아요.
M 고마워. 그럼 사양 않고 쓸게.

표현 활용

+ それはお互い様でしょう。
+ 困った時はお互い様だ。

· 그건 피차일반이잖아요.
· 어려울 때는 피차일반이다.

遠慮^{えんりょ}なく 사양 않고, 체면 불구하고

DAY 14

ろくでもない

하찮다, 변변찮다

예쁘고, 성격 좋고, 게다가 스펙까지 빵빵한 여자라면 당연히 멋진 남자들하고만 사귈 것 같은데, 가만 보면 꼭 그렇지도 않은 것 같아요. 은근히 이런 여자들이 ろくでもない男_{별 볼 일 없는 남자}에게 빠지는 경우가 왕왕 있어요. 이유가 뭘까요? 왠지 부족해 보이는 그의 모습이 짠하고, 멋진 남자로 만들어 주고 싶은 모성본능 때문일까요? 거참, 알다가도 모를 일입니다. ろくでもない는 '하찮다', '변변찮다', '쓸모가 없다'는 뜻인데요. 보통 ろくでもない話_{쓸데없는 이야기}, ろくでもないもの_{변변치 못한 물건}과 같이 아무 가치도 없다는 뜻을 나타내는 표현입니다.

실전 대화

M 今フリーって、もう別れたの？
W しょうがないじゃん。貯金はない、働かない、ついでにマザコンだったんだよ。
M またろくでもないのと付き合ったね。
W はあ、私ってなんでこんなに男運ないんだろ。

M 지금 싱글이라니, 벌써 헤어진 거야?
W 어쩔 수 없잖아. 적금은 없고, 일도 안 하고, 심지어 마마보이였다니까.
M 또 변변찮은 애랑 사귀었구나.
W 하아, 난 왜 이렇게 남자 운이 없을까.

표현 활용

+ 40過ぎても親のスネかじってるなんてろくでもないね。
+ ヒモになって暮らしたいとかろくでもないこと考えるなよ。

· 40살이 넘어서도 부모님에게서 생활비를 타다니 별 볼 일 없네.
· 셔터맨이 돼서 살고 싶다는 변변치 않은 생각은 하지 마.

> ヒモ 셔터맨, 빈대
> 親のスネをかじる 부모님의 등골을 빼먹다

DAY 14

欠かせない

빠뜨릴 수 없는, 불가결한

없어서는 안 된다고 말하고 싶을 때 なしではいられない만 쓰셨나요? 표현의 다양화를 추구하는 우리가 언제까지나 이 표현만 쓸 수 없지요. 이제부터는 '빠뜨릴 수 없다', '없어서는 안 된다'고 말할 땐 欠かせない라는 표현도 자주 사용해 주세요. 데이트하기 전 칫솔질은 절대로 欠かせない빠뜨릴 수 없어! 당신은 내게 있어 欠かせない없어서는 안 될 존재예요! 이렇게 사용하면 됩니다.

실전 대화

W 何頼む?
M とりあえずビールっしょ。
W じゃあ、枝豆も!
M いいねえ、やっぱビールに枝豆は欠かせないよね。

W 뭐 시킬까?
M 일단 맥주 어때.
W 그럼 삶은 풋콩도!
M 좋아, 역시 맥주에는 삶은 풋콩이 빠질 수 없지.

표현 활용

+ 夏といえば花火は欠かせないよね。
+ チームにあいつは絶対欠かせない存在だからな。
+ 一つも欠かせないからって、これじゃゴミ屋敷でしょ。

· 여름이라고 하면 불꽃놀이가 빠질 수 없지.
· 팀에 있어서 저 녀석은 절대 없어서는 안 될 존재니까 말이야.
· 하나도 버릴 수 없다니, 이래서야 쓰레기장이잖아.

枝豆 풋콩, 풋콩을 삶은 것
ゴミ屋敷 쓰레기장

DAY 14

羽目(はめ)になる

처지가 되다

사소한 일이라고 무심히 넘겼다가 큰코다치는 일이 있어요. 조금 더 이익을 보려고 꼼수를 부리다 낭패를 보는 경우도 있고요. 예를 들면 충치를 '괜찮겠지' 하고 안일하게 여기다 결국엔 임플란트를 하는 지경에 이르렀다거나, 물건 값이 떨어지기를 마냥 기다리다 갑자기 가격이 폭등해 도저히 살 수 없는 처지가 된다거나 하는 경우 말이죠. 이렇게 부정적인 사태에 이르게 됨을 나타내는 표현이 바로 羽目(はめ)になる 입니다.

실전 대화

M なあ、この明細(めいさい)どーゆーこと？また限度額(げんどがく)いっぱいに使(つか)ったの？
W なんかクレカ持(も)ってるとつい使(つか)っちゃうんだよね。
M 借金取(しゃっきんと)りに追(お)われる羽目(はめ)になっても、俺(おれ)知(し)らないからな。
W 大丈夫(だいじょうぶ)だって。もー使(つか)わない。

M 있잖아, 이 명세표 어떻게 된 거야? 또 한도액을 꽉 채워 쓴 거야?
W 왠지 신용카드를 가지고 있으면 바로 써 버린다니깐.
M 고리대금업자에 쫓기는 처지가 돼도 난 모른다.
W 괜찮다니까. 이제 안 쓸 거야.

표현 활용

+ 責任取(せきにんと)って結婚(けっこん)する羽目(はめ)になった。
+ 使(つか)えない後輩(こうはい)のせいで残業(ざんぎょう)する羽目(はめ)になった。
+ 結局朝(けっきょくあさ)まで始発(しはつ)を待(ま)つ羽目(はめ)になった。

· 책임지고 결혼할 처지가 됐어.
· 도움이 안 되는 후배 때문에 야근하는 처지가 됐지.
· 결국 아침까지 첫차를 기다리는 처지가 되었지.

クレカ(=クレジットカード) 신용카드
借金取(しゃっきんと)り 고리대금업자
残業(ざんぎょう) 야근, 잔업

DAY 15

- 71 手ごわい 상대하기 힘겹다, 벅차다
- 72 引き分け 비김, 무승부
- 73 取りこぼし 어이없는 패배
- 74 横取りする 가로채다, 빼돌리다
- 75 アポを取る 약속을 잡다

DAY 15

手ごわい

상대하기 힘겹다, 벅차다

겉으로만 친한 척하다가 나중에 뒤통수치는 동료, 융통성 없이 꽉 막혀 도통 말이 안 통하는 상사, 사소한 일 하나하나 죄다 클레임을 거는 거래처 직원. 사회생활을 하다 보면 상대하기 힘든 사람들과 부딪히는 경우가 많은데, 정말 스트레스가 아닐 수 없어요. 일본어로 상대하기 벅차다는 표현은 手ごわい라고 해요. 보통은 적군이나 운동경기에서의 강한 상대처럼 사람을 대상으로 많이 쓰지만, 자신이 감당하기에 힘에 부치는 일에도 사용할 수 있는 표현입니다. 개인적으로는 機械音痴기계치라 バック駐車후진 주차나 새로 산 최신 스마트폰의 조작이 手ごわい하네요.

실전 대화

W 結婚前に旅行なんて絶対だめって言われた。
M 友達と旅行って嘘ついちゃえばよかったのに。
W 言ったよ。でも目見た瞬間に「男だろ」って。すぐバレちゃったんだよね。
M お父さん、なかなか手ごわいね。

W 결혼 전에 여행은 절대 안 된다네.
M 친구랑 여행 간다고 거짓말하면 됐을 텐데.
W 말했어. 그런데 눈을 마주친 순간 '남자지?'라고 묻는 거야. 바로 들켜 버렸지.
M 아버지는 좀처럼 상대하기 힘드네.

표현 활용

+ 今度の対戦相手は手ごわいらしいよ。
+ 手ごわい相手だからこそ燃えるよね。

· 이번 대전 상대는 벅차다는 것 같아.
· 힘겨운 상대야말로 의지를 불타오르게 해.

バレる 들키다
燃える 불타오르다

DAY 15

引き分け

비김, 무승부

축구나 야구 경기를 볼 때 내가 응원하는 팀이 상대팀보다 훨씬 실력이 모자란데도 연장전까지 가서 引き分け무승부로 비기면 '그래, 잘 싸웠다' 하며 안도의 한숨을 내쉬지요. 그런데 우리 팀 전력이 월등히 좋은데도 불구하고 연장전까지 가서 비기면 허탈한 한숨을 쉬게 되네요. 무승부란 이기는 것도 아니고 지는 것도 아닌 어정쩡한 결과이지만, 때로는 다음에 한 번 더 겨룰 기회가 주어져 승리를 꿈꿀 수 있다는 점이 매력 포인트인 것 같아요.

실전 대화

W 昨日のサッカーの試合観た？ 私、後半戦から寝ちゃったんだよね。
M 見た見た！ 惜しかったあ。もう少しだったのにな。
W え？ 2対1で韓国が勝ってたでしょ。
M 引き分けになったんだよ。その後すぐ1点入られちゃってさ。

W 어제 축구시합 봤어? 나, 후반전부터 자 버렸어.
M 봤어, 봤어! 아까웠지. 조금만 더 하면 이겼을 텐데.
W 뭐? 2 대 1로 한국이 이기고 있었잖아.
M 무승부가 됐어. 그 후에 바로 1점 내줬거든.

표현 활용

+ 強豪校相手に引き分けに持ち込んだらしいよ。
+ 決勝戦だと引き分けなしで延長戦で決着つけるみたいだよ。
+ もうその喧嘩引き分けでよくない？

· 강호 학교를 상대로 무승부로 끌고 갔다는 것 같아.
· 결승전이면 무승부 없이 연장전으로 승부를 낸다는 것 같아.
· 이제 그 싸움은 무승부로 치는 게 좋지 않니?

惜しい 아깝다
強豪校 강호 학교
持ち込む 끌고 가다, 몰고 가다

DAY 15

取りこぼし

어이없는 패배

축구 팬들에겐 '오만'은 악몽 같은 기억이지요. 2002년 월드컵 이후 최고의 전력을 자랑하던 우리나라 대표팀이 2003년 아시안컵 예선에서 약체 오만에게 어이없이 패배하고 말았답니다. 이 경기를 보고 충격을 받은 축구 팬들은 '오만 쇼크'라고 표현하며 충격과 비통함을 나타내었지요. 이렇게 예상 밖의 상대에게 어이없이 지는 것을 取りこぼし라고 합니다. 살다 보면 약한 상대라고 얕봤다가 큰 코다치는 경우가 얼마든지 있을 수 있으니, 늘 방심은 금물입니다.

실전 대화

M 今日の試合はなんだ!
W すいません。
M 弱小チーム相手に取りこぼすなんてあり得ないだろ!
W 楽勝だと思って油断してました。

M 오늘 시합은 뭐야!
W 죄송합니다.
M 약소 팀을 상대로 어이없이 지다니 말도 안 돼!
W 쉽게 이길 수 있을 거라 생각해 방심했습니다.

표현 활용

+ まさか高校生相手にプロが取りこぼすなんてね。
+ 大切な一戦を取りこぼすとはね。
+ ここは取りこぼしのないようにね。

· 설마 고등학생을 상대로 프로가 어이없게 패하다니.
· 중요한 일전을 어이없이 날릴 줄이야.
· 여기서는 어이없게 지는 일 없도록 해.

弱小 약소, 약하고 작음
楽勝 낙승, 쉽게 이김
油断 방심, 부주의

DAY 15

横取りする

가로채다, 빼돌리다

누구나 한 번쯤은 자기 것을 가로챈 사람들로 인해 피해를 본 경험이 있을 거예요. 뉴스를 보다 보면 외로운 독거 노인들에게 접근해 자식처럼 살갑게 굴다가 재산이나 유산을 가로채는 사기꾼들도 있고, 중요한 기술을 빼돌려 회사나 국가에 상당한 손실을 끼치는 나쁜 인간들도 있지요. 이렇게까지 거창하진 않더라도 좋은 아이디어를 상사가 가로채 갔다거나, 지인에게 애인을 빼앗기는 사례 정도는 흔히 있지요. 横取りする는 '가로채다', '빼돌리다', '빼앗다'라는 뜻인데요. 돈이 되었건, 물건이 되었건, 사람이 되었건 남의 것을 빼돌리거나 가로채는 행동은 해서는 안 될 일인 것 같아요.

실전 대화

W 先輩！企画書できました！
M お、マジで？じゃあ、会議室で聞くよ。
W 下の食堂じゃダメですか？お腹すいちゃって。
M バーカ、あんなとこで話したら他のやつに横取りされるぞ。

W 선배님! 기획서 다 됐어요!
M 오, 진짜? 그럼 회의실에서 들을게.
W 밑에 식당에서 하면 안 되나요? 배고픈데.
M 바보야. 그런 곳에서 얘기했다간 다른 녀석들에게 가로채인다고.

표현 활용

+ 上司が俺の手柄を横取りしようとしてきたんだよ。
+ 俺の女、横取りすんじゃねえよ。

· 상사가 내 공로를 가로채려고 했었어.
· 내 여자를 빼앗지 마.

手柄 공훈, 공로, 공적

DAY 15

アポを取(と)る

약속을 잡다

일본어를 공부하다 보면 일본 사람들은 '영어 단어를 줄여서 많이 쓰는구나'라는 느낌이 드실 텐데요. '괜찮다, 문제없다'는 ノープロ(No problem)라고 하고, '그깟 일로 신경 쓰지 마'라고 할 때는 どんまい(Don't mind)라고 하지요. '약속을 잡다'도 アポを取(と)る라고 하는데요. アポ는 약속이라는 영단어 アポイントメント(appointment)의 준말입니다. 그리고 アポ가 들어가는 말 중에 자주 쓰는 말로는 テレアポ가 있어요. 가끔 좋은 정보를 주기도 하지만 바쁠 때에는 얼른 끊고 싶어지는 전화를 거는 텔레마케터를 テレアポ라고 합니다. 이 말 또한 テレホンアポインター를 줄여서 쓴 표현입니다.

실전 대화

W アイドルとの間(あいだ)に隠(かく)し子(ご)がいたっていうのは本当(ほんとう)ですか?
M ノーコメント。
W 奥様(おくさま)はこの事実(じじつ)をご存知(ぞんじ)なんですか?
M アポ取(と)ったか?こうゆうのは事務所(じむしょ)通(とお)してもらわないと困(こま)るよ。

W 아이돌과의 사이에 숨겨둔 아이가 있다는 것이 정말입니까?
M 노코멘트.
W 부인은 이 사실을 알고 계십니까?
M 약속 잡고 왔어? 이런 일은 소속사 사무실을 통하지 않으면 곤란해.

표현 활용

+ 一応(いちおう)アポ取(と)っといたほうがいいよ。
+ アポなし取材(しゅざい)はお断(ことわ)りしておりますので。

· 일단 약속을 잡아 두는 게 좋아.
· 약속 없는 취재는 거절합니다.

隠(かく)し子(ご) 숨겨둔 아이, 사생아
取材(しゅざい) 취재

DAY 16

76　ひく 깬다, (어떤 사람에 대한) 호감이 떨어지다
77　愛想を尽かす 정나미가 떨어지다
78　虫酸が走る 신물이 나다, 역겹다
79　気に食わない 마음에 들지 않는다
80　身も蓋もない 인정미 없이 말하다, 너무 노골적이다

DAY 16

ひく
깬다, (어떤 사람에 대한) 호감이 떨어지다

마음에 드는 이성의 흠을 발견해 확 깨는 경우가 있지요. 일본어로는 ひく 라고 합니다. 늘 단정하고 말쑥한 모습이라서 호감이 갔었는데, 가까이서 보니 코털이 너저분하게 삐져나와 있을 때, 타이밍을 어렵게 포착해 뽀뽀하려는 순간 이에 낀 대형 고춧가루를 발견했을 때, 똑똑해 보이는 선배였는데 입을 여는 순간 무식이 줄줄줄 샐 때, 이럴 땐 정말 호감이 뚝뚝 떨어져요.

실전 대화

M なあ、知ってた? うちの担任、学校やめたんだってよ。
W え、なんで。うちの学校で唯一のイケメンだったのにー。つまんないの。
M いやいや、女子更衣室に忍び込んで盗撮したのがバレたらしいよ。で、懲戒免職だって。
W うわ、マジひくわ。キモい! サイテー。

M 있잖아, 알고 있었어? 우리 담임 말이야, 학교 그만뒀대.
W 어, 왜? 우리 학교에서 유일하게 꽃미남이었는데. 재미없게 됐다.
M 그게 아니라 여자 탈의실에 숨어서 도촬한 게 들켰나 봐. 그래서 징계면직이래.
W 우와, 완전 깬다. 기분 나빠! 저질이야.

표현 활용

+ 食事の時にクチャクチャ音出して噛むのやめてくんない? ひくわ。
+ 最初のデートで割り勘とかされるとひくよね。

· 식사할 때 쩝쩝 소리 내면서 씹지 말아 줄래? 완전 깨.
· 첫 데이트에서 더치페이하자고 하면 좀 깨지.

忍び込む 숨어들다
クチャクチャ 쩝쩝

DAY 16

愛想を尽かす
あいそ　　つ

정나미가 떨어지다

처음 사랑에 빠졌을 때는 눈에 콩깍지가 씌어 あばたもえくぼ^{마맛자국도 보조개로} 보였는데, 사랑의 유통기한은 왜 이리도 짧은 건지……. 어느 순간부터 단점이 하나둘 보이기 시작하다가 결국에는 밥 먹는 모습마저 꼴 보기 싫을 만큼 오만 정이 다 떨어지는 지경까지 이르게 되지요. 물론 모든 커플들이 다 그런 것은 아니지만요. 愛想에는 '붙임성'이라는 뜻이 있어서 보통 붙임성이 좋다고 하면 愛想がいい, 무뚝뚝하고 퉁명스럽다고 하면 無愛想라고 합니다. 그리고 '정나미'라는 뜻도 있어서 愛想を尽かす라고 쓰면 '정나미가 떨어지다'는 뜻이 됩니다.

실전 대화

W 最近彼氏に電話しても反応ないんだよね。
M 喧嘩でもしたの？とっとと謝っちゃえよ。
W 実はこっそりケータイ見てたのバレたんだよね。
M また見たの？そりゃ愛想尽かされるよ。

W 요즘 남자친구한테 전화해도 반응이 없어.
M 싸우기라도 했어? 얼른 사과해.
W 사실은 살짝 휴대전화 본 걸 들켰거든.
M 또 봤다고? 그러면 정 떨어지지.

표현 활용

+ そんなに遊んでると奥さんに愛想尽かされるぞ。
+ 愛想尽かされる前に全部白状しといた方がいいよ。
+ その態度じゃ愛想尽かされて当然でしょ。

· 그렇게 놀다간 부인이 정 떨어졌다고 할걸.
· 정 떨어지기 전에 전부 자백하는 편이 나아.
· 그런 태도라면 정 떨어지는 게 당연하지.

とっとと 어서, 냉큼
こっそり 몰래, 살짝
白状 자백

DAY 16

虫酸が走る

신물이 나다, 역겹다

속이 더부룩할 때마다 울컥 올라오는 뜨뜻미지근하고 시큼털털한 액체, 바로 虫酸신물입니다. 食べ過ぎ과식을 했을 때뿐만 아니라 車酔い차멀미를 하거나 つわり입덧 중에도 예고 없이 불쑥 치밀어 불쾌하게 만드는 게 바로 신물이지요. 흔히 어떤 일이 지긋지긋해 넌더리가 날 때 신물이 난다고 하는데요. 일본에서도 虫酸が走る라고 하면 '신물이 나다', '구역질나게 역겹다'라는 뜻으로 쓰입니다.

🐵 실전 대화

W ねー、部長が飯行こうって言ってるよ。
M あ、俺パス。飯ぐらい自由に食わせろよ。
W なんで？この前の残業まだ根に持ってんの？
M もちろん。つーか部長の顔思い出しただけで虫酸が走るんだよね。

W 저기, 부장님이 밥 먹으러 가재.
M 아, 나는 패스. 밥 정도는 자유롭게 먹게 해 줘.
W 왜? 저번에 야근시킨 걸로 아직도 꽁해 있는 거야?
M 물론이지. 뭐랄까 부장님 얼굴을 떠올리기만 해도 역겨워.

🐵 표현 활용

+ 声聞いただけでも虫酸が走るわ。
+ 私なんか見た瞬間にもう虫酸が走ったからね。
+ 会社でお局に会うたびに虫酸が走るんだけど。

・ 목소리 듣는 것만으로도 역겨워.
・ 나는 보는 순간에 바로 역겨웠거든.
・ 회사에서 노처녀 여사원과 만날 때마다 신물이 올라와.

根に持つ 마음속 깊이 간직하다, 꽁해 있다
お局 노처녀, 근속연수가 오래된 여자 사원

DAY 16

気に食わない

마음에 들지 않는다

일본어는 남성들이 보편적으로 자주 사용하는 단어와 여성들이 자주 쓰는 단어가 따로 있지요. '밥'을 飯, '먹다'를 食う라고 하는 것이 대표적인 남성어라고 할 수 있어요. 食う가 들어가는 관용어 중에 気に食わない라는 표현을 자주 쓰는데요. '뭔가 탐탁지 않고 마음에 들지 않는다'라는 의미로, 남녀 누구나 쓸 수 있는 표현이에요. 비슷한 말로 気に入る(마음에 들다)의 부정형을 써서 気に入らない도 함께 사용합니다.

실전 대화

W あれ、山田さんは？飲み会全員参加って伝えたよね？
M 誘ったんですけど、退勤時間だからって帰りましたよ。
W また？そーゆーとこ、ほんと気に食わないわ。
M やっぱあれですかね、契約社員と正社員の壁、みたいな？

W 어? 야마다 씨는? 회식에 전원 참석이라고 전했지?
M 권하긴 했는데 퇴근 시간이라면서 집에 갔어요.
W 또? 그런 점은 진짜 맘에 안 들어.
M 역시 그런 건가요, 계약사원이랑 정사원의 벽 같은 거?

표현 활용

+ 私のどこが気に食わないわけ？
+ 俺の作った飯が気に食わないなら出てけ！
+ 気に食わない相手と結婚するとか考えらんないよね。

· 내 어디가 맘에 안 든다는 거야?
· 내가 만든 밥이 맘에 안 들면 나가!
· 맘에 안 드는 상대와 결혼한다니 상상할 수도 없어.

誘う 권유하다, 꼬시다

DAY 16

身も蓋もない
인정미 없이 말하다, 너무 노골적이다

세속적인 생각을 하더라도 입 밖에 낼 때는 예의상 혹은 다른 사람들의 이목을 생각해서 보통 좋게 얘기하잖아요. 그런데 만약 '어떤 사람이 좋아?'라는 질문에 '돈만 많으면 외모나 성격은 안 봐'라고 대답한다면 정말 정나미가 뚝 떨어지지 않나요? 이렇게 다른 사람의 시선은 아랑곳하지 않고 지나치게 솔직하게 말하는 경우를 두고 身も蓋もない라고 말하는데요. 상황에 따라 '인정미 없이 말하다', '너무 노골적이다'란 뜻이 됩니다. 너무 가식적인 사람도 문제이지만 기분 나쁠 정도로 솔직한 성격도 문제인 것 같아요.

실전 대화

M 相手結構年の差あるよね。ほんとに結婚するの？
W あの人お金持ってるから。結婚すれば食いっぱぐれることもないでしょ。
M 身も蓋もないな。もう少しオブラートに包めよ。
W だってほんとの話だもん。

M 상대방이 꽤 나이차가 있었지. 진짜 결혼할 거야?
W 그 사람은 부자니까. 결혼하면 굶을 일은 없잖아.
M 너무 노골적인 거 아냐. 좀 더 완곡하게 돌려서 말할 수 없냐.
W 하지만 사실인걸, 뭐.

표현 활용

+ みんなの前でデキ婚とか身も蓋もない話するなよ。
+ そんなこと言ったら身も蓋もないじゃん。

· 사람들 앞에서 속도위반 결혼같이 노골적인 이야기는 하지 마.
· 그렇게 말하면 너무 인정머리가 없어 보이잖아.

> 食いっぱぐれ 먹을 기회를 놓침, 생계나 실직에 대한 걱정
> オブラートに包む 완곡하게 돌려 말하다

105

DAY 17

81　はぶる 따돌리다, 왕따시키다
82　見栄を張る 허세를 부리다
83　気取らない 젠체하지 않다
84　いい気になる 우쭐하다
85　出過ぎる 주제넘게 굴다, 나서다

DAY 17

はぶる

따돌리다, 왕따시키다

불과 10여 년 전만 해도 いじめ^{왕따}는 일본만의 문제라 생각했는데, 요즘은 우리나라도 왕따나 은따 같은 단어가 너무나 익숙한 사회가 되어 버려 씁쓸할 따름입니다. 일본어로 '따돌리다'는 いじめる 입니다. 또한 仲間外れにする 라고도 말하는데요. 仲間^{동료}에게서 外れにする^{떼어놓다} 즉 '왕따시키다'라는 뜻이지요. 특히 학생들 사이에서는 はぶる 라고도 많이 합니다. 원래 はぶる는 はぶにする의 줄임말이에요. はぶ 역시 村八分^{마을의 법도를 어긴 가정을 마을 전체가 따돌림}에서 온 말로, 일본에는 예로부터 집단생활에 방해가 되는 사람들을 따돌리는 관습이 있었답니다.

실전 대화

M なあ、最近あいつノリ悪くない?
W やっぱり? 私も思ってたんだよね。
M なんか一緒にいてもつまんないし、ちょっとはぶろっか。
W いいねー。じゃあ、今日のカラオケはあの子抜きにしよ。

M 야, 요즘 저 녀석 별로지 않냐?
W 그치? 나도 그렇게 생각하고 있었어.
M 뭔가 같이 있어도 시시하고, 따돌릴까?
W 그래. 그럼 오늘 노래방은 쟤 빼고 가자.

표현 활용

+ お前ら、友達はぶってそんな楽しいか?
+ あの子、もしかしてみんなからはぶられてるんじゃない?

· 너희들, 친구를 따돌리는 게 그렇게 재미있나?
· 쟤, 혹시 다른 애들한테 왕따 당하고 있는 거 아니야?

> ノリが悪い 분위기를 못 타고 재미없다, 시원찮다

DAY 17

見栄を張る

허세를 부리다

빈 수레가 요란하다고, 실속 없이 겉멋만 차리고 말만 번지르르한 사람들이 많아요. 허풍을 떨거나 허세를 부리는 것을 見栄を張る라고 하는데, 조사 'を'를 빼고 見栄張る라고 쓸 때가 많습니다. 모르면서 아는 척, 쥐뿔도 없으면서 많이 가진 척, 약하면서 센 척하는 행동들은 간혹 자신감 있어 보이기도 하지만 대부분 주변 사람들에게 좋은 인상을 남기지 못하는 경우가 많아요. 그런데 말이죠, 첫 데이트에선 돈이 없다며 '국밥이나 먹읍시다!'라고 말하는 남자보다 분위기 좋은 레스토랑에서 스테이크를 썰 줄 아는 남자가 더 멋있어 보이더라고요.

실전 대화

W あんた、また新しい服買ったの？この前も買ってたじゃん。
M うん。実は週末に彼女とデートするんだよね。
W 彼女にまで見栄張って、恥ずかしくないの？
M でもそうでもしなきゃ、あんなきれいな子、僕のところに来てくれないよ。

W 너, 또 옷 샀어? 저번에도 샀잖아.
M 응. 사실 주말에 여자친구랑 데이트를 하거든.
W 여자친구한테까지 허세를 부리고, 창피하지도 않아?
M 하지만 이렇게라도 하지 않으면 저렇게 예쁜 애는 나한테 오지도 않아.

표현 활용

+ もー、なんで男ってあんな見栄っ張りなの？
+ 大丈夫、私の前では見栄なんて張らなくていいよ。

· 아아, 왜 남자들은 저렇게 허세를 부릴까?
· 괜찮아, 내 앞에서는 허세 안 부려도 돼.

そのうち 머지않아
見栄っ張り 겉치레가 심한 사람

DAY 17

気取<ruby>ら</ruby>ない

젠체하지 않다

気取る는 '잘난 체하다', '거드름을 피우다'라는 뜻입니다. 주변을 둘러보면 남들보다 조금 더 많이 가졌다고, 외국물 좀 먹고 왔다고 대단한 사람인 척, 있는 척, 잘난 척 거드름을 피우는 사람들이 있는데요. 정말 目障り 눈에 거슬림!! 이런 부류의 사람들은 자기가 뭐 대단한 사람인 양 거들먹거리지만 주위 사람들로부터는 겸손하지 못하다는 비아냥을 당하는 경우가 많죠. 気取る는 기본형도 사용하지만, 부정형인 気取らない 꾸밈없다, 젠체하지 않다의 형태로 쓰일 때가 좀 더 많은 것 같아요.

실전 대화

W この前ドラマの主役の人に会っちゃった。
M え、ほんとに？ どうだった？
W 全然気取ってないの。サインも握手も快くしてくれたよ。
M そうなんだ。俺も会ってみたいなあ。

W 얼마 전에 드라마의 주연 배우를 만났어.
M 어, 진짜? 어땠어?
W 전혀 젠체하지 않아. 사인도, 악수도 기분 좋게 해 줬어.
M 그렇구나. 나도 만나 보고 싶다.

표현 활용

+ ホームパーティーだからそんな気取らなくていいよ。
+ フレンチなのに気取ってなくていいね、ここ。

· 홈 파티니까 그렇게 젠체하지 않아도 돼.
· 프렌치 식당인데 젠체하지 않아서 좋네, 여기.

主役 주연
快い 기분이 좋다, 유쾌하다

109

DAY 17

いい気になる

우쭐하다

일본어에는 시험에도 자주 출제되고, 일상회화에서도 자주 쓰이는, 気가 들어가는 관용구들이 참 많아요. 그중에 気になる라는 표현이 있어요. '마음에 걸리다', '걱정되다'라는 뜻이지만, いい気になる라고 하면 완전히 의미가 달라져서 '우쭐하다'라는 뜻이 됩니다. 개인적으로는 과하지 않다면 약간의 우쭐댐은 자연스런 감정이니까 괜찮은 것 같지만, 주위를 보면 いい気になるな^{우쭐대지 마라}는 식으로 핀잔을 주는 사람들도 있는 것 같아요. 비슷한 표현으로 調子に乗るな도 함께 알아 두세요.

실전 대화

W すごいね、さすが決勝戦。うちの学校の女子みんな観に来たんじゃない?
M お、とうとう俺の時代が来たか?
W いい気になんないの。まだ優勝したわけじゃないんだから。
M わかってますって。

W 대단하다. 역시 결승전이야. 우리 학교 여자애들이 모두 보러 온 거 아냐?
M 오, 드디어 내 시대가 온 건가?
W 우쭐대지 마! 아직 우승한 거 아니니까.
M 알았다니까.

표현 활용

+ ちょっとかわいいからっていい気になんないでよね。
+ 勝ったからっていい気になんなよ。

· 좀 귀엽게 생겼다고 해서 우쭐대지 말라니까.
· 이겼다고 우쭐대지 마.

決勝戦 결승전

DAY 17

出過ぎる

주제넘게 굴다, 나서다

過ぎる는 '수준이나 정도가 지나치다'라는 표현인데요, 보통 형용사나 동사의 꽁무니에 붙어 '지나치게 ~이다(하다)'는 의미로 사용됩니다. 예를 들면 太り過ぎる 지나치게 뚱뚱하다, 高すぎる 지나치게 비싸다와 같이 말이지요. 出る는 '나오다', '넘다'라는 뜻이어서 出過ぎる는 '주제넘게 굴다', '나서다'란 뜻이 됩니다. 어느 집단이건 주제넘게 행동하는 사람들이 꼭 있기 마련이죠. 학교든, 회사든, 연예계든 신입은 신입답게 행동해야 하는데, 좀 잘나고 능력 있다고 너무 나대다간 선배들로부터 미운털이 콕 박힐지도 몰라요.

실전 대화

W 先輩、これやっておきました。
M え、それ広瀬に振った仕事じゃない?
W 広瀬さん、仕事遅いんですもん。なんなら先輩の分もやりましょうか?
M お前、あまり出過ぎたことしない方がいいぞ。

W 선배님, 이거 해 뒀어요.
M 에, 그거 히로세한테 할당한 일 아니야?
W 히로세 씨는 일 처리가 느려요. 뭣하면 선배님 몫까지 할까요?
M 너, 별로 나대지 않는 편이 좋을 거야.

표현 활용

+ 後輩の分際で出過ぎたことしないでよ。
+ あまり出過ぎた行動はしない方がいいんじゃないかな。

· 후배 신분으로 주제넘는 짓 하지 마.
· 너무 나서는 행동은 안 하는 편이 좋지 않을까?

仕事を振る 일을 할당하다
分際 신분, 분수

DAY 18

- 86 同い年 동갑
- 87 グル 한패, 한통속
- 88 地元 그 고장, 고향
- 89 居心地 (어떤 장소에 있을 때의) 느낌
- 90 支度 준비, 채비

DAY 18

同い年
동갑

일본에서는 친하지 않은 사이에 나이를 물어보는 것은 실례랍니다. 그래서 저는 나이를 알고 싶은 상대가 있으면 '何年무슨 띠?'라며 빙 돌려 물어보곤 합니다. 일본에서도 12간지를 쓰거든요. 일본어로 동갑은 同い年라고 하는데요. 가끔은 같은 띠라고 해도 동갑인지, 나보다 12살이 많은지, 어린지 헷갈리는 사람들도 있더라고요. 요즘은 워낙 나이보다 어려 보이는 童顔동안들도 많고, 반대로 겉늙어 보이는 老け顔노안들도 있으니까요. 노안은 나중에 나이가 들었을 때 별로 안 늙어 보인다고 하니, 그걸로 마음의 위안을 삼아야겠어요!

실전 대화

W あ、占い特集ですよ。松本さんは何年ですか？
M 僕ですか？ ねずみどしです。
W え? ねずみどし？ じゃあ、同い年だ!
M マジすか？ じゃ、タメ口にしません？

W 아, 사주 특집이네. 마쓰모토 씨는 무슨 띠예요?
M 저요? 쥐띠예요.
W 어? 쥐띠? 그럼 동갑이네요!
M 진짜요? 그럼 말 놓을까요?

표현 활용

+ いやー、悪いけど同い年には見えないな。
+ 同い年だなんて嘘でしょ？

· 우와, 미안한데 동갑으로는 안 보여.
· 동갑이라니 거짓말이지?

~どし ~띠
ねずみ 쥐
タメ口 반말

DAY 18

グル

한패, 한통속

일본어에는 친구를 지칭하는 표현이 많아요. 일반적으로 많이 쓰는 友達(ともだち) 외에도 親友(しんゆう)절친, 仲間(なかま)동료 등이 있지요. 젊은 층에서는 友達(ともだち)를 줄여 ダチ라고 쓰거나 또래 친구를 タメ라고 부르기도 한답니다. 또 グル라는 말도 있는데, 이 말은 '한패', '한통속'이라는 뜻입니다. 보통 좋은 의미로는 쓰이지 않고 나쁜 일을 꾸미고 다니는 동료라는 뉘앙스로 자주 사용합니다. 제가 처음 이 단어를 접했을 땐 영어, '그룹(group)'에서 따온 약자인 줄 알았는데, 순수 일본어로 외래어에서 온 단어는 아니라고 합니다.

실전 대화

W なんでまた情報(じょうほう)があっちに流(なが)れてんの？
M わかりません。でもこれは俺(おれ)たちしか知(し)らないはず……。
W まさかあんたあっちとグルなんじゃない？
M やめてくださいよ。こんな時(とき)に仲間割(なかまわ)れしてる場合(ばあい)ですか。

W 왜 또 정보가 저쪽으로 흐른 거야?
M 모르겠어요. 그런데 이건 우리밖에 모를 텐데…….
W 설마 당신이 저쪽이랑 한통속 아니야?
M 그만하세요. 이럴 때 서로 분열할 상황입니까?

표현 활용

+ 結局(けっきょく)あいつもグルだったんだろ。
+ みんなでグルになってハメたんだろ？

· 결국 저 녀석도 한패였구나.
· 모두가 한통속이 돼서 속인 거지?

仲間割(なかまわ)れ 한패끼리 싸움이 일어나 분열함

ハメる 속여 넘기다

DAY 18

地元(じもと)

그 고장, 고향

우리나라에도 의성 마늘, 상주 곶감, 벌교 꼬막처럼 각 지역을 대표하는 특산품이 많이 있지요. 하지만 그 고장을 대표하는 술은 많지 않은 것 같아요. 반면 일본은 地元(じもと) 그 지역에서만 만들어지는 地酒(じざけ) 특정 지역의 술이 많이 있어요. 지역 맥주인 地ビール도 많이 있고요. 일본 여행을 하신다면 지역 고유의 술을 맛보는 것도 좋을 것 같아요. 地元(じもと)는 '그 고장', '그 지방' 이라는 뜻도 있고, '고향'이나 '지금 살고 있는 지역'을 뜻하기도 합니다.

실전 대화

W 鈴木君(すずきくん)ってちょっと訛(なま)ってるよね。
M わかります? 俺(おれ)、栃木生(とちぎう)まれの栃木育(とちぎそだ)ちなんすよ。
W え? 私(わたし)もだよ! 地元(じもと)どこ? 私(わたし)、宇都宮(うつのみや)だよ!
M 俺(おれ)もです! 俺(おれ)も宇都宮(うつのみや)! なあんだ、同(おな)じかっぺじゃないすか。

W 스즈키 군은 사투리를 조금 쓰네.
M 눈치 챘어요? 저는 도치기 현에서 태어나서 도치기 현에서 자랐거든요.
W 뭐? 나도야! 고향이 어딘데? 나는 우쓰노미야야!
M 저도요! 저도 우쓰노미야! 뭐야, 동향이었네요!

표현 활용

+ 地元(じもと)も一緒(いっしょ)でしかもおな中(ちゅう)だったんだよ。
+ 俺(おれ)は地元(じもと)で働(はたら)きたいんだけど、あんまり仕事(しごと)がないんだよね。
+ 地元(じもと)の人(ひと)に聞(き)いてみたら分(わ)かるんじゃないですか?

· 고향도 같고, 게다가 중학교 동창이었어.
· 나는 고향에서 일하고 싶은데 일이 별로 없어.
· 그 지역 사람한테 물어보면 알지 않을까요?

訛(なま)る 사투리를 쓰다
かっぺ(=いなかっぺ) 촌놈
おな中(ちゅう)(=同(おな)じ中学校(ちゅうがっこう)) 같은 중학교

DAY 18

居心地
(어떤 장소에 있을 때의) 느낌

예전에 텔레비전에서 심리실험을 봤는데요. 여자들은 남자들이 많이 모여 있는 곳도 아무렇지 않게 지나다니지만, 남자들은 여자가 많이 모인 곳을 쭈뼛쭈뼛하며 혼자 지나가길 꺼리더라고요. 물론 성격에 따라 다르겠지만, 제 주변만 봐도 여자들이 가득한 엘리베이터에 혼자만 홍일점이면 마음이 불편하다는 남자들이 많아요. 이런 걸 보면 남자들은 은근히 쑥스러움을 많이 타나 봐요. 어떤 장소에 있을 때 편하다거나 불편하다고 느끼는 기분을 居心地라고 합니다. 자리가 아늑하고 편안하면 居心地がいい, 가시방석에 앉은 듯 마음이 불편하면 居心地が悪い라고 합니다.

실전 대화

W ねえ、晩ご飯どうする？
M え、もうそんな時間？全然気づかなかった。
W ここのカフェくるといっつも長居しちゃうよね。
M ほんと居心地いいね。広いし静かだし、何時間でもいられるよな。

M 저기, 저녁은 어떻게 할래?
W 뭐, 벌써 그럴 시간이야? 전혀 몰랐어.
M 이 카페에 오면 항상 오래 머물게 된단 말이지.
W 정말 편하네. 넓고 조용하고, 몇 시간이라도 있을 수 있어.

표현 활용

+ なんかここ居心地悪いわ。
+ 一緒にいて居心地のいい女になりたいんだよね。

· 여긴 왠지 불편해.
· 같이 있을 때 편안한 여자가 되고 싶어.

長居 한곳에 오래 머무름

DAY 18

支度
したく

준비, 채비

가끔 '남자로 태어났으면 좋았을 텐데'라는 생각을 하게 돼요. 특히 외출 준비를 할 때요. 외출하기 10분 전에 샤워하고, 대충 옷만 걸치고 나서는 남자들은 얼마나 편할까요. 여자들은 외출 한번 하려면 시간이 많이 걸려요. 샤워하고 머리 감고 또 예쁘게 드라이나 세팅도 해야 하고, 화장하는 데도 化粧水스킨, 乳液로션, 美容液에센스, クリーム크림, アイクリーム아이크림, 日焼け止め자외선차단제 등등 최소 예닐곱 개의 기초제품을 바른 후에 본격적인 메이크업에 들어가지요. 게다가 옷 고르는 데도 은근 시간이 많이 걸린답니다. 이렇게 외출이나 식사 전 '준비', '채비'라는 뜻으로 쓸 수 있는 단어가 바로 支度입니다.

실전 대화

W 化粧はもう少しで終わるから、ちょっと待ってて。
M もう少しってどのくらい?
W もー少し!
M ったく。支度にいくら時間かけてんの。早くしろよ。

W 곧 있으면 화장이 끝나니까 조금만 기다려 줘.
M 곧이라면 얼마나?
W 진짜, 곧!
M 에이 정말. 준비하는 데 시간이 얼마나 걸리는 거야. 얼른 해.

표현 활용

+ そろそろ出かける支度しないと間に合わないよ。
+ 支度に時間かかりすぎじゃない?

· 슬슬 나갈 채비를 하지 않으면 늦을 거야.
· 준비하는 데 시간이 너무 걸리는 거 아니야?

間に合う 시간에 늦지 않게 대다

DAY 19

91 腕前(うでまえ) 솜씨, 기량
92 一人前(いちにんまえ) 제 몫을 하게 됨
93 向(む)いてない (적성에) 맞지 않다
94 肩書(かたがき) 직함, 칭호
95 下(した)っ端(ぱ) 말단, 지위가 낮은 사람

DAY 19

腕前
うでまえ

솜씨, 기량

유난히 손재주가 좋은 사람들이 있어요. 뭐든 척척 만들어 내고, 손만 대면 언제 고장이 났었냐는 듯 고쳐 내고! 손끝이 야물지 못한 저는 그저 부러울 따름이에요. 손재주가 좋은 사람들은 요리나 그림, 악기 연주도 잘하는 것 같더라고요. 腕前라고 하면 '솜씨', '기량'이라는 뜻인데요. 요리가 됐건 뭐가 됐건 '솜씨가 좋다'라고 할 때는 腕前がいい라고 하면 됩니다. 그리고 '솜씨나 기량을 뽐내다'라고 할 때는 腕前を見せる라고 합니다.

실전 대화

W やっぱ回転寿司とは比べ物にならないね。
M ほら、見てみなよ、板さんの包丁さばきすごいよ。
W うわあ、やっぱプロの腕前は違うね。
M ネタ一つ一つがキレイに切れてるもんね。

W 역시 회전 초밥이랑은 비교가 안 되네.
M 야, 이거 봐. 요리사의 칼 다루는 솜씨가 대단해.
W 우와, 역시 프로의 솜씨는 다르구나.
M 재료 하나하나가 깔끔하게 잘렸어.

표현 활용

+ あの腕前は神だね。まさにゴッド・ハンド！
+ じゃあ、お前の腕前でも見せてもらおうか。
+ そんな腕前でよく自分の店出せたな。

· 저 솜씨는 신이다. 틀림없이 갓 핸드!
· 그럼, 네 솜씨 좀 볼까.
· 그런 솜씨로 잘도 자기 가게를 냈네.

板さん(= 板前) 요리사
包丁 주방 칼
さばく 처리하다, 다루다

DAY 19

一人前
いちにんまえ

제 몫을 하게 됨

일본은 예로부터 한 사람의 어른으로서 제 몫을 다하는 것을 매우 중요하게 여겼어요. 그래서 그런지 다 큰 성인이 되어서도 부모님 집에 얹혀살며 손을 벌리는 사람들이 많이 없는 것 같아요. 보통 맡겨진 몫을 제대로 수행할 수 있는 어른이 되는 것을 一人前(いちにんまえ)라고 하는데요. 옛날 江戸(えど)시대에는 67.5kg이나 되는 力石(ちからいし) 힘을 가늠하는 돌을 드는 시합을 해서 번쩍 들어 올릴 수 있는 남자에 한해 一人前(いちにんまえ)의 男(おとこ) 제구실을 하는 남자로 인정해 줬다고 해요. 진정한 남자가 된다는 것은 엄청난 허리 힘을 필요로 하는군요. 요즘은 보통 한 분야에서 기술을 습득해 혼자서 해 나갈 수 있을 만큼 능력이 충분한 수준에 달하는 것을 一人前(いちにんまえ)라고 합니다.

실전 대화

M 先輩(せんぱい)、俺(おれ)も残(のこ)って先輩(せんぱい)の仕事(しごと)見(み)てっていいですか。
W 別(べつ)に構(かま)わないけど残業代(ざんぎょうだい)つかないよ。いいの？
M 大丈夫(だいじょうぶ)っす。早(はや)く一人前(いちにんまえ)になって独立(どくりつ)したいんです。
W 熱心(ねっしん)だねえ。

M 선배님, 저도 남아서 선배님이 일하는 거 봐도 돼요?
W 별로 상관없는데, 잔업 수당은 못 받을걸. 괜찮겠어?
M 괜찮아요. 얼른 제 몫을 해서 독립하고 싶어요.
W 열심이네.

표현 활용

+ 一人前(いちにんまえ)にはまだまだ遠(とお)いな。
+ 寿司職人(すししょくにん)が一人前(いちにんまえ)になるまで10年(ねん)はかかるんだってよ。

· 제 몫을 하는 사람이 되려면 아직 한참 멀었어.
· 초밥 장인이 제 구실을 하게 되기까지 10년이나 걸린대.

残業代(ざんぎょうだい) 수당
職人(しょくにん) 장인

向いてない

(적성에) 맞지 않다

여러분은 지금 하고 있는 일이 적성에 잘 맞다고 생각하시나요? 어떤 일이나 직업이 자신에게 잘 맞으면 向いてる, 당최 잘 맞지 않으면 向いてない라고 말하면 됩니다. 단순 노동을 힘들어 하는 사람이 있는가 하면 저처럼 아무 생각 없이 인형 눈알 붙이기 같은 작업을 선호하는 사람들도 있지요. 예전에 '공부가 가장 쉬웠어요'라는 책이 처음 나왔을 때, 많은 사람들이 '저건 또 무슨 개 풀 뜯어 먹는 소리야'라고 생각했겠지만 정말 공부가 적성에 맞는 사람들도 많아요. 자신의 적성에 맞는 일을 찾는 것은 참 중요하죠. 지금 당장 좋아하고, 적성에도 맞는 일을 하고 있다면 더할 나위 없이 좋고요.

🐵 실전 대화

M 俺、仕事辞める。
W なんで? やっと決まった仕事じゃん。
M この仕事向いてないかもしんない。ミスばっかりするし。
W まだ始まったばかりでしょ。ミスくらい誰だってするよ。

M 나, 일 그만둘래.
W 왜? 겨우 정해진 일이잖아.
M 이 일이 맞지 않는지도 몰라. 실수 연발이고.
W 이제 막 시작했잖아. 실수 정도는 누구라도 해.

🐵 표현 활용

+ そんなことで泣くくらいならその仕事向いてないんだよ。
+ 自分に向いてる職業って探すのほんと難しいよな。

· 그런 일로 울 정도라면 그 일이 안 맞는 거야.
· 자신에게 맞는 직업을 찾는 건 진짜 어려워.

> ミス 실수

DAY 19

肩書
かたがき

직함, 칭호

사회생활을 하다 보면 名詞(명함)을 주고받는 일이 많아요. 일본에서 명함을 주고받는 모습을 보면 그보다 더 깍듯할 수가 없지요. 두 손을 가지런히 모으고 배꼽인사 정도의 각도로 몸을 숙인 후, 자신의 이름과 소속을 말하며 상대방 측에서 이름을 잘 볼 수 있게 명함을 건넨답니다. 명함을 받은 사람도 그 자리에서 명함의 이름과 직함을 확인하고 연애편지마냥 아주 소중히 다루며 지갑 안에 넣어요. 명함에는 보통 이름과 소속, 직책, 연락처 등이 쓰여 있는데요. 이름 오른쪽 위에 쓰인 직함이나 직책을 肩書라고 합니다. 뿐만 아니라 그 사람의 사회적 지위를 나타내는 직책을 통틀어 肩書라고 부릅니다.

🐵 실전 대화

W ねえ、誰かいい人いない？

M まあ、いなくもないけど。

W 誰？ 社長？ 代表？ まさか部長クラスとかやめてよね。

M 悪いけど、肩書で判断するなら紹介する気はないよ。

W 있잖아, 누구 좋은 사람 없어?
M 뭐, 없지는 않아.
W 누군데? 사장? 대표? 설마 부장급이라고는 하지 마.
M 미안하지만, 직함으로 판단할 거라면 소개할 생각 없어.

🐵 표현 활용

+ 結局肩書がモノを言う社会だからな。
+ 大人になったらある程度の肩書がないと箔が付かないよ。

· 결국 직함이 모든 걸 말해 주는 사회니까.
· 어른이 되면 어느 정도의 직함이 없으면 제대로 평가를 못 받아.

ものを言う 영향력이 있다, 행세하다
箔が付く 평가가 높아지다

下っ端

DAY 19

말단, 지위가 낮은 사람

제가 어릴 땐 동네 전봇대에 '시다 구함'이라는 張り紙벽보가 심심찮게 붙어 있었어요. '시다'는 下아래나 下働き밑에서 허드렛일을 하는 사람이라는 단어에서 유래해 '밑에서 일하는 보조'를 일컫는 것 같아요. 유사한 표현으로 '시다바리'도 있지요. 질펀한 부산 사투리로 '내가 니 시다바리가'라고 내뱉던 영화의 セリフ대사가 기억나네요. 여기에서 시다바리는 '아랫사람'이라는 뜻이니까 下働き나 신분이나 지위가 낮은 사람을 속되게 부르는 下っ端가 변형된 말이 아닐까 생각합니다.

실전 대화

M 働いて何年くらいになるの？
W なんだかんだ言って10年くらい働いてるね。
M じゃあ、もう中堅クラスでしょ。役職とかついた？
W まさか！下っ端ですよ。うちの会社は新しい人来ないから、ずっと私が雑用担当だよ。

M 일한 지 몇 년 정도나 되지?
W 이래저래 10년 정도 일하고 있네.
M 그럼 이제 중견급이네. 직책 같은 거 생겼지?
W 설마 그런 일이! 말단직이야. 우리 회사는 새로운 사람이 오지 않으니까 계속 내가 잡일을 담당하고 있어.

표현 활용

+ 新入社員が入ってこないから俺ずっと下っ端のままだよ。
+ そういう仕事は下っ端にやらせておけばいいよ。

· 신입사원이 들어오지 않으니까 내가 계속 말단인 채야.
· 그런 일은 막내한테 시키면 돼.

中堅 중견
役職 직무, 관리직
雑用 잡일, 잡무

DAY
20

- 96 ニート 백수
- 97 コネ 백, 연줄
- 98 セクハラ 성희롱
- 99 パワハラ 직권남용, 상사의 괴롭힘
- 100 リストラ 구조조정, 정리해고

DAY 20
096

ニート

백수

직업이 없는 채로 집에서 뒹굴뒹굴 놀고먹는 사람을 백수라 부르지요. 예전에는 일본에서 백수를 プータロー라고 했는데요, 요즘은 ニート라는 표현을 주로 쓰네요. ニート(NEET)는 Not in Education, Employment or Training의 약자래요. 학생도 아니고, 취업 준비생도 아니고, 일하지도 않는 백수를 의미합니다. 그래서 일하고 싶은 의지는 있는 무직자를 プータロー, 일할 의지조차 없는 자발적인 실업자는 ニート라고 구분 짓기도 해요. 恋愛ニート라는 표현도 있는데요, 연애세포가 죽어서 연애가 마냥 귀찮기만 한 사람들을 지칭합니다.

실전 대화

M おー、野島じゃん、久しぶり。仕事どう？
W 仕事？ 1年前に辞めたよ。
M あ、そう？ じゃあ、なんかバイトとかしてんの？
W ううん、ニート。家でごろごろしてるだけ。

M 이야, 노지마잖아, 오랜만이네. 일은 어때?
W 일? 1년 전에 그만뒀어.
M 아, 그래? 그럼 뭐, 아르바이트 같은 거 하고 있는 거야?
W 아니, 백수야. 집에서 뒹구는 게 다야.

표현 활용

+ ネットとか株やって、働かなくても稼ぐネオニートもいるよね。
+ アルバイトならまだしもニートなら結婚は絶対無理だな。

· 인터넷이라든가 주식을 해서 일하지 않아도 돈을 버는 네오니트족도 있대.
· 아르바이트라면 모를까 백수라면 결혼은 절대 무리지.

株 주식
まだしも 그래도, 그런대로 괜찮으나

DAY 20

コネ

백, 연줄

돈과 코네^백만 있으면 공부를 못해도 좋은 대학에 가고, 군대도 면제받고, 와이로^{뇌물}을 써서 승진을 하던 시절이 있었답니다. 지금도 이런 풍조가 아주 없어졌다고는 말할 순 없지만, 그래도 예전보다 많이 나아지긴 했어요. '백'이란 배경을 나타내는 Back Ground에서 온 말로, 뒤를 봐주는 조력자를 일컫습니다. 여기에 해당하는 일본어가 바로 コネ인데요. 관계라는 뜻의 영단어 'コネクション(connection)'의 준말입니다.

실전 대화

W みきちゃんって仕事できないのに、よくうちの会社入れたよね。
M あれ、知らなかった？彼女のお父さん、うちの会社の筆頭株主だよ。
W え？じゃあ、コネじゃん。
M そのうち俺らの上司になる日も近いんじゃない。

W 미키는 일도 못하는데 용케 우리 회사에 들어왔네.
M 어라, 몰랐어? 그 여자 아버지가 우리 회사 최대주주야.
W 정말? 그럼 백으로 들어온 거네.
M 조만간 우리들의 상사가 될 날도 머지않은 거 아니야?

표현 활용

+ あいつコネ入社らしいよ。
+ コネでも何でも利用できるもんは利用しないと！
+ 俺はコネなんてないから地道に就活だよ。

· 저 녀석은 연줄을 이용해 입사했다는 것 같아.
· 백이든 뭐든 이용할 수 있는 건 다 이용해야 돼!
· 나는 백 같은 게 없으니까 착실하게 취직 활동을 해야 돼.

筆頭株主 최대주주
地道に 착실하게

セクハラ

DAY 20

성희롱

회식자리에서 러브샷을 강요한다. 노래방에 가서 억지로 블루스를 추자고 한다. 은근슬쩍 몸을 터치한다. 성적 농담으로 불쾌감을 준다. 별 뜻 없는 농담이었다고 하지만 상대방에게 성적 모욕감이나 수치심을 불러일으키는 행동은 모두 성희롱으로 처벌받을 수 있답니다. 요즘은 여성의 지위가 꽤 높아져 여자 상사가 남직원을 성희롱하는 경우도 적지 않다고 하네요. '우와, 말벅지네!'라며 슬쩍 만져 본다거나, '허리 힘 좋아?'라고 노골적으로 묻는 행동 또한 성희롱에 해당되니 이제 여성분들도 주의합시다! 일본어로 성희롱은 영어 표현인 sexual harassment(セクシュアルハラスメント)를 줄여서 セクハラ라고 합니다.

실전 대화

- M 安藤さん、安藤さん！聞こえてるんだったらちゃんと返事して！
- W はあー、すみません。
- M 何、その態度。もしかしてあの日？
- W あー部長！それ、セクハラですよ。

- M 안도 씨, 안도 씨! 들리면 제대로 대답해야지!
- W 네, 죄송합니다.
- M 그 태도는 뭐야. 혹시 그날이야?
- W 어휴, 부장님, 그거 성희롱이에요.

표현 활용

+ あの人セクハラで訴えられたんだってよ。
+ あの上司、酒入るとセクハラひどくなるよね。

· 그 사람, 성희롱으로 고소당했대.
· 저 상사는 술 들어가면 성희롱이 심해져.

訴える 고소하다

DAY 20

パワハラ

직권남용, 상사의 괴롭힘

직장에서 상사가 아랫사람을 괴롭히거나 업무와 관련 없는 일까지 시키는 행위를 パワーハラスメント, 줄여서 パワハラ라고 합니다. 능력 밖의 일을 강제로 시킨다거나, 사사건건 의견을 무시하고 업무를 아예 주지 않는다거나, 폭언을 퍼부어 정신적인 고통을 안겨 준다면 스트레스가 심해 당장이라도 회사를 때려치우고 싶을 것 같아요. 전해 듣기로는 명예퇴직 대상자들이 자발적으로 사직을 하지 않으면 관행처럼 パワハラ를 해서 관둘 수밖에 없도록 만드는 회사가 많이 있다고 하더라고요. 정말 씁쓸한 이야기예요.

실전 대화

M 昨日、部長にまた飲みに連れ出されたんだよね。ここ最近毎日だよ。
W それってパワハラじゃない？ 部下はホストじゃないっつーの。
M だからってどうすんだよ。苦労して入った会社なのに上司に恨まれるわけにはいかないだろ。
W そんな会社とっととやめちゃいなよ。体壊したら意味ないよ。

M 어제 부장님이 또 술자리에 데리고 갔어. 요즘 매일이야.
W 그거 직권남용 아냐? 부하 직원은 호스트가 아니라고.
M 그럼 어떡해? 힘들게 들어온 회사인데, 상사한테 밉보일 순 없잖아.
W 그런 회사는 당장 그만둬 버려. 몸이 망가지면 아무 의미 없잖아.

표현 활용

+ 最近上司のパワハラ、ハンパないんだよね。
+ この前の会社、パワハラが原因でやめたんだよね。

· 요즘 들어 상사의 괴롭힘이 장난 아니야.
· 전에 다녔던 회사는 상사의 괴롭힘 때문에 그만뒀어.

恨む 원망하다, 앙심을 품다

DAY 20

リストラ

구조조정, 정리해고

어느 날 회사에 갔더니 내 책상이 치워져 있다면 하늘이 무너지는 느낌일 텐데요. 혹시나 잘리지 않을까 하는 불안을 어느 정도 안고 살아가는 것이 월급쟁이의 숙명인 것 같아요. 속된 말로 '해고되다'를 '목이 날아가다' 또는 '모가지다'라고 표현하기도 하는데요. 일본어로도 首になる라고 한답니다. リストラ정리해고는 구조조정을 뜻하는 영어 restructuring(リストラクチュアリング)에서 따온 말이고, '정리해고되다'는 リストラされる라고 하면 됩니다.

실전 대화

W 伊藤部長って会社辞めるの？
M らしいよ。俺は定年前にやめるとか考えらんねえな。
W え、もしかしてリストラ？
M 大きい声出すなって。聞いたところによると退職金多めにもらって田舎帰るらしいよ。

W 이토 부장님은 회사 그만두는 거야?
M 그런가 봐. 나는 정년 전에 그만둘 거라고는 생각하지도 않았는데.
W 엇, 설마 정리해고?
M 큰 소리 내지 마. 듣기엔 퇴직금을 넉넉하게 받고 귀촌한다는 것 같아.

표현 활용

+ どうしよう、リストラの対象になってるっぽい。
+ 今度、大規模なリストラがあるらしいよ。

· 어떡해. 정리해고 대상이 된 것 같아.
· 이번에 대규모 정리해고가 있다는 것 같아.

定年 정년
退職金 퇴직금
多めに 넉넉하게

DAY 21

- 101 写メ 휴대전화로 찍는 사진, 폰카
- 102 自撮り 셀카
- 103 ガラケー 구형 휴대전화
- 104 迷惑メール 스팸 문자, 스팸 메일
- 105 暗証番号 비밀번호

DAY 21

写メ

휴대전화로 찍는 사진, 폰카

写メ는 写真メール의 줄임말로, 문자 그대로 휴대전화로 사진을 찍어 보내는 포토메일을 말하는데요. 그 의미가 더욱더 확대되어서 요즘은 휴대전화로 찍은 사진, 혹은 사진을 찍는 행위 자체를 일컫기도 합니다. 일본이나 우리나라나 요샌 카메라 기능이 없는 휴대전화는 거의 골동품 취급을 하지요. 휴대전화로 웹서핑, 영화 감상, 동영상 촬영, 은행 업무 등 못하는 게 없는 세상이니, 휴대전화가 어디까지 진화할지 정말 기대되네요. 그래도 가끔씩 포켓벨삐삐에 전화번호가 뜨면 공중전화를 이리저리 찾아 헤매던 그 시절이 그립기도 해요.

실전 대화

- M もしもし、九州着いた?
- W 着いたよ。くまモンがいるよ!
- M くまモン? 何それ。写メ送ってよ。
- W おっけー。スマホに入ってるから今から送るよ。

- M 여보세요, 규슈에 도착했어?
- W 도착했어. 쿠마몽이 있어!
- M 쿠마몽? 그게 뭐야. 사진 찍어서 보내 줘.
- W 오케이. 스마트폰에 들어 있으니까 지금 보내 줄게!

표현 활용

+ 女の子の写メばっかりだね。
+ 写メ撮る人多いからスマホの持ち込み禁止なんだってよ。

- 여자애들 사진뿐이네.
- 사진 찍는 사람이 많아서 스마트폰을 갖고 들어가는 건 금지한대.

スマホ(=スマートホン)
스마트폰

持ち込む 반입하다

自撮り

셀카

얼굴이 최대한 작아보이게 팔을 쭉 뻗어 45도 각도에서 눈을 최대한 크게 뜨고 찍어 줘야 실물보다 눈은 크고 턱이 갸름하게 보이는 셀카가 완성된답니다. 하지만 너무 욕심을 부리면 인조인간 같은 얼굴이 되기 십상이지요. 일본에서는 셀카나 직찍을 自撮り라고 합니다. '스스로 찍음'이라는 뜻의 自分撮り를 줄인 표현입니다. 요즘은 自撮り棒셀카봉이 나와 셀카 찍기가 한결 편해졌지요. 혹시라도 도쿄 디즈니랜드에 놀러 가신다면 셀카봉은 가져가지 않는 게 좋아요. 디즈니랜드에선 삼각대나 셀카봉 같은 보조기구의 사용을 금지하고 있거든요. 찍는 사람들은 즐거워도 지나다니는 사람들에게는 민폐가 될 수도 있으니까요.

실전 대화

M インスタしてるの？見せてよ。
W いいよ。はい、これ私のID。
M サンキュー。ってなにこれ。自分の写真ばっかりだな。
W だって自撮りうまく撮れたら見せたいじゃん。

M 인스타그램 해? 보여 줘.
W 알았어. 자, 이건 내 ID.
M 땡큐. 뭐야, 이거. 죄 셀카만 있네.
W 그야 셀카가 잘 찍히면 보여주고 싶잖아.

표현 활용

+ 知ってた？ディズニーランドは自撮り棒禁止なんだってよ。
+ 自撮りしてるとこ人に見られると恥ずかしいよね。

· 그거 알아? 디즈니랜드는 셀카봉이 금지래.
· 셀카 찍는 모습을 다른 사람이 보면 창피하지.

インスタ(=インスタグラム) 인스타그램
~ばっかり ~만, ~뿐

DAY 21

ガラケー

구형 휴대전화

거리를 걷다 우연히 공중전화를 발견하면 얼마나 반가운지 몰라요. 가끔 휴대전화 배터리가 바닥나 찾을 때에는 좀처럼 보이지 않으니까요. 세상이 스마트하게 변해 휴대전화도 거의 스마트폰이 주류가 되었지요. 일본어로 스마트폰은 スマートホン, 줄여서 スマホ라는 표현을 주로 사용합니다. 스마트폰이 나오기 이전의 버튼식 휴대전화는 ガラケー라고 부릅니다. 폴더폰이나 2G폰도 모두 여기에 포함되죠. 스마트폰이 기능도 많고 편리하지만, 가끔은 아날로그적인 전화기가 그리울 때도 있어요.

실전 대화

M スマホってそんな便利？
W うん、ネットもきれいに見られるし、ゲームもアプリもあるし。買い換えないの？
M 俺はガラケーでいいや。電話さえできればいいから。
W そんなこと言ってると時代に取り残されちゃうよ。

M 스마트폰이 그렇게 편리해?
W 응, 인터넷도 잘 보이고, 게임이나 어플도 있고. 새로 안 바꿔?
M 나는 구형 폰으로도 괜찮아. 전화만 쓸 수 있으면 되니까.
W 그렇게 말하면 시대에 뒤처져 버려.

표현 활용

+ ガラケー使ってんの？うちのお母さんみたい。
+ ガラケーの方が電池の持ちがいいよね。

· 구형 폰을 쓰고 있는 거야? 우리 엄마 같아.
· 옛날 폰이 배터리가 오래 가지.

アプリ 어플
取り残される 뒤처지다
持ち 오래 감, 오래 지탱함

DAY 21

迷惑メール
めいわく

스팸 문자, 스팸 메일

남들 다 있는 애인도 없고, 친구들도 모두 결혼해 버려서 쉽게 만날 수도 없고. 그래서인지 주말엔 여간해서 울리지 않는 휴대전화. 전화인지 시계인지 모르겠다며 낙담하고 있을 바로 그때! 문자가 오면 반가운 마음에 얼른 확인하지요. 그런데 ちくしょ 이런, 제길! 스팸 문자잖아! 보통은 '인터넷 설치 현금 지급'이라든가 '저금리 신용대출' 류의 스팸 문자이지만, 요즘은 문자메시지를 통해 소액 결제를 유도하는 스미싱 문자도 많으니 정말 조심해야 해요. 스팸 문자는 정말 말 그대로 迷惑 민폐를 팍팍 끼치지요! 일본에서는 이메일과 휴대전화 문자를 구분하지 않기 때문에 迷惑メール라고 하면 스팸 메일과 스팸 문자, 두 가지 모두를 의미합니다.

실전 대화

W さっきからケータイの音うるさいんですけど。
M ごめん、なんか色んなお店からメール来るんだよね。
W 迷惑メールでしょ。私のも最近ひどいんだよね。
M ほんと来るたびイラっとするよな。

W 아까부터 휴대전화 소리가 시끄러워.
M 미안. 뭔가 이런저런 가게에서 문자가 온다니까.
W 스팸 문자지? 내 것도 요즘 심해.
M 진짜 올 때마다 짜증나지.

표현 활용

+ 迷惑メールの拒否設定のやり方教えてくんない?
+ エロサイト見てから迷惑メールすげえ来るようになっちゃったよ。

- 스팸 문자를 수신거부 하는 법 좀 알려주지 않을래?
- 야한 사이트를 본 뒤부터 스팸 메일이 엄청 오게 됐어.

たび 때
イラっとする 짜증나다

DAY 21
暗証番号
あんしょうばんごう

비밀번호

비밀은 秘密, 번호는 番号니까 비밀번호를 秘密番号라고 생각하기 쉬운데요, 일본어로 비밀번호는 暗証番号라고 합니다. 전화번호나 生年月日생년월일같이 개인 정보가 들어간 비밀번호는 속된 말로 털리기 쉬우니까 사용하면 안 되겠지요. 그래서 나름 머리를 짜내 어려운 조합으로 비밀번호를 만들어요. 그런데 문제는 새로 만든 비밀번호가 생각이 나지 않아 자꾸 틀린다는 것이지요. 그래서 또 다시 만들고, 기억 안 나고, 악순환의 연속이에요. 저처럼 자주 깜박깜박하는 사람들에겐 비밀번호는 쉽게 만들어도 문제, 어렵게 만들어도 문제인 것 같아요.

실전 대화

W もしもし？どうしよう、預金おろせなくなっちゃった。
M どうしたの？なんかあったの？
W 暗証番号忘れちゃった。
M バカだなあ。4、6、4、9だよ。「よろしく」って教えたじゃん。

W 여보세요? 어떡해. 돈을 뽑을 수 없게 됐어.
M 어떻게 된 거야? 뭔 일 있어?
W 비밀번호를 잊어버렸거든.
M 이 바보야. 4, 6, 4, 9야. '요로시쿠'라고 알려줬잖아.

표현 활용

+ 暗証番号を作る場合は英数字8字以上でお作りください。
+ 暗証番号に誕生日は使っちゃだめでしょ。
+ 彼氏と別れたから早く家の暗証番号変えなきゃ。

· 패스워드를 만들 경우에는 영자와 숫자를 8자 이상으로 만들어 주세요.
· 생일은 비밀번호로 쓰면 안 돼.
· 남자친구랑 헤어져서 빨리 집의 비밀번호를 바꿔야 해.

預金をおろす 예금을 찾다
英数字 영자와 숫자

DAY 22

- 106 見た目 외모, 겉모습
- 107 面食い 외모 밝히는 사람
- 108 天パ 곱슬머리
- 109 ちび 땅꼬마
- 110 リバウンド 요요현상

DAY 22

見た目

외모, 겉모습

人は見た目じゃなくて中身だ 사람은 외모가 아니라 내면이 중요하다 라는 말을 귀가 따갑도록 듣지만, 막상 인성만으로 사람을 판단하기란 참 힘든 일이지요. 심리학에서는 '외모 후광효과'라는 게 있다고 주장해요. 그 이론에 따르면 사람은 누구나 더 좋은 외모에 호감을 가지며, 긍정적인 평가를 내린다고 합니다. 그러니까 예쁘고 잘생긴 사람이 성격도 더 좋고, 능력 있을 거라고 여긴다는 것이죠. 그래서 요즘엔 '외모도 스펙이다'라는 말을 자주 하나 봐요. 하지만 아무리 겉모습을 중시하는 세상이라고 해도 내면의 아름다움을 가꾸는 것이 그보다 훨씬 더 중요하다는 것을 잊지 맙시다.

실전 대화

M ねえ、まだ? みんな待ってるよ。
W 待って、あと5分。
M そんな一生懸命化粧しなくたって大丈夫だよ。
W ダメダメ。合コンなんて見た目が一番重要なんだから。

M 저기, 아직이야? 다들 기다린다고.
W 잠깐, 앞으로 5분만.
M 그렇게 열심히 화장하지 않아도 괜찮아.
W 안 돼, 안 돼. 미팅에선 겉모습이 제일 중요하니까.

표현 활용

+ あの人見た目はいいんだけど、中身が空っぽなんだよね。
+ え? 熟年離婚? 見た目にはおしどり夫婦だったのにね……。

· 저 사람 외모는 괜찮은데, 속은 텅 비었어.
· 뭐? 황혼이혼? 겉보기엔 잉꼬부부였는데…….

空っぽ 속이 빔
熟年離婚 황혼이혼
おしどり夫婦 잉꼬부부

DAY 22

面食い
외모 밝히는 사람

외국 그룹의 잘생긴 드러머에게 꽂혀, 온 방에 사진을 도배하던 사춘기 시절! 할머니는 늘 혀를 쯧쯧 차며 이런 말을 하셨죠. "남자 얼굴은 다 소용없어. 얼굴 뜯어먹고 사는 거 아니다." 지금 생각하면 역시 어른들 말씀은 하나도 틀린 게 없는 것 같아요. 하지만 그 말이 제 귀에 들어올 리가 있나요. 성격이고 뭐고 멋진 남자가 제일 좋았던 나이였으니까요. 사춘기 시절의 저처럼 예쁘거나 잘생긴 사람만 좋아하는 사람을 일본에서는 面食い 라고 부릅니다. 직역하면 '얼굴 뜯어먹고 사는 사람'이란 재밌는 의미가 되네요.

실전 대화

M 田中産業の受付嬢、めっちゃくちゃかわいいな。
W 知ってる？社長秘書なんてモデル並の美人ぞろいだよ。
M 会ってみたいなー。社長の好みで揃えたんだろうな。
W あれは相当な面食いだね。

M 다나카산업의 접수처 아가씨가 너무 귀여워.
W 그거 알아? 사장님의 비서는 모델 수준의 미인들뿐이야.
M 만나 보고 싶다. 사장님 취향으로 뽑았을 텐데.
W 상당히 얼굴을 밝히는 분인가 봐.

표현 활용

+ どこが面食いだよ、お前B専だろ。
+ ぶっちゃけ、面食いだから結婚できないんだと思うよ。

· 어디가 얼굴만 본다는 거야. 넌 못생긴 애만 좋아하잖아.
· 까놓고 말해서, 예쁜 애만 좋아하니까 결혼을 못하는 거라고 생각해.

~並み ~와 같은 수준
揃える 갖추다, 채우다
B専(ブサイク専門) 못생긴 사람만 선호하는 사람

DAY 22

天パ

곱슬머리

찰랑찰랑한 머릿결을 만들기 위해 미용실에 많은 돈을 갖다 바치고, 안 그래도 바쁜 출근시간에 드라이를 하느라 시간과 수고를 투자해야 해요. 그런데 くせ毛^{곱슬머리}는 고집이 세다는 억울한(?) 누명까지 쓰다니 정말 속상한 일입니다. 한편, 곱슬머리를 더욱더 우울하게 만드는 날이 있어요. 바로 비 오는 날이지요. 습기 때문에 푸석푸석 솟아오르는 머리는 아무리 빗어도 스타일이 제대로 살지 않거든요. 아기 때부터 곱슬머리인 경우도 있지만, 어릴 때는 직모였는데 사춘기가 지나면서 곱슬머리로 변하는 경우도 많답니다. 일본에서는 곱슬머리를 天然パーマ^{천연파마}라고 하는데, 줄여서 天パ라고 자주 씁니다.

실전 대화

M1 その髪の毛はなんだ! 直してこい!
M2 いや、俺くせ毛なんですよ。
M1 そんなクルクルのくせ毛がどこにあるんだ! パーマに決まってんだろ!
M2 天パっすよ。生まれつきの天然パーマ。

M1 그 머리는 뭐야! 고쳐 와!
M2 아니, 저는 곱슬머리라고요.
M1 그렇게 꼬불꼬불한 곱슬머리가 어디 있어! 파마한 거잖아!
M2 원래 곱슬머리예요. 태어났을 때부터 곱슬머리.

표현 활용

+ なんで家族の中で俺だけ天パなんだ……。
+ 天パを気にしてるんならストパーやってみなよ。

· 어째서 가족 중에 나만 곱슬머리인 거야…….
· 곱슬머리가 신경 쓰이면 스트레이트 펌을 해 봐.

生まれつき 선천적임
ストパー 스트레이트 펌

DAY 22

ちび

땅꼬마

일본 애니메이션은 어른이 되어서도 재밌는 것 같아요. 그중에서도 개인적으론 '아따맘마(あたしンち)'나 '마루코는 아홉 살' 같이 가족을 소재로 소소한 재미를 선보이는 것들이 좋더라고요. '마루코는 아홉 살'의 원제는 ちびまる子ちゃん인데요. 여기서 ちび는 '키 작은 사람', '땅꼬마'라는 뜻입니다. 아이들뿐만 아니라 성인에게도 외모를 비하해 놀릴 때 쓰는 말이에요. 이런 종류의 단어로는 デブ뚱땡이나 ハゲ대머리 등이 있어요. 일본에서 여자들에게 제일 인기 없는 남자의 3대 조건이 바로 チビ・デブ・ハゲ라고 합니다. 혹시 3대 조건을 다 갖추고 계신가요? 그렇더라도 충분히 매력적일 수 있으니 너무 낙담하지 말기로 해요!

실전 대화

W ねえ、もう少しゆっくり歩いて。
M そんなヒール履いてくるからだろ。スニーカー履けよ。
W だめ、スニーカー履いたらスタイル悪く見えちゃうもん。
M チビも大変だな。

W 있잖아, 조금만 천천히 걸어.
M 그런 힐을 신고 오니까 그렇지. 운동화를 신어.
W 안 돼, 운동화를 신으면 스타일이 나빠 보인단 말이야.
M 땅꼬마도 힘들구나.

표현 활용

+ チビだとミニスカートもただのスカートになっちゃうよね。
+ どうせ俺なんて、チビ、デブ、ハゲの三重苦だよ。

- 키가 작으면 미니스커트도 그냥 스커트가 돼 버리지.
- 어차피 나 같은 건 땅꼬마, 돼지, 대머리 삼중고야.

スニーカー 스니커, 운동화
三重苦 삼중고

DAY 22

リバウンド

요요현상

바람 불면 쓰러질 것 같은 가냘픈 몸매까지는 바라지도 않아요. 단지 등살과 뱃살이 울퉁불퉁 삐져나오지 않고, 팔뚝살이 출렁일 걱정 없이 민소매를 입을 정도면 되는데, 그게 참 어렵네요. 지긋지긋한 살과의 전쟁에서 늘 패배하는 원인 중의 하나가 바로 리바운드 때문이지요. リバウンド는 농구에서 골대를 맞고 튕겨 나오는 볼을 의미하지만, 다이어트 성공 후 찾아오는 '요요현상'이란 의미로도 많이 쓰인답니다. 원 푸드 다이어트나 금식 등 극단적인 체중감량 뒤에는 반드시 요요가 오기 마련인데요. 빠진 살이 다시 돌아오는 것을 원치 않는다면 식이요법을 하면서 근력운동도 꼭 병행해야 한다고 하네요. 다 아는 이야기지만 역시 실천이 어려운 것 같아요.

실전 대화

W 明日の面接、このスーツでいいよね。
M 色はいいけど……。パンツの線、見えてるよ。
W マジで!? この前着たときはブカブカだったのに!
M リバウンドしたんでしょ。またダイエットしなよ。

W 내일 면접에 이 옷 입어도 괜찮겠지?
M 색은 좋은데……. 팬티 선이 드러나 보여.
W 진짜!? 요전에 입었을 때는 넉넉했었는데!
M 요요가 왔겠지. 다시 다이어트 해.

표현 활용

+ そんな食べたらリバウンドするよ。
+ またリバウンドしちゃった。

· 그렇게 먹으면 요요 온다.
· 다시 요요가 와 버렸어.

ブカブカ 헐렁헐렁
ダイエット 다이어트

DAY 23

- 111 ギャル 갸루, 날라리
- 112 マッチョ 근육남, 몸짱
- 113 オネエ 여자 같은 남자
- 114 ぶりっこ 내숭녀
- 115 帰国子女 귀국자녀, 외국에서 살다 온 아이

DAY 23

ギャル

갸루, 날라리

ギャル는 영단어 'Girl'에서 따온 단어로, 화려한 화장과 요란한 옷차림으로 꾸미고 다니는 젊은 여성들을 가리켜요. 1990년대 중반부터 다양한 종류의 갸루족들이 마구 생겨나기 시작해, 2000년대 초반엔 敦底(통굽)에 미니스커트, 검게 태닝한 피부와 금발이나 오렌지색으로 물들인 헤어, 사인펜으로 그린 것 같은 두꺼운 아이라인과 화려한 속눈썹, 그리고 눈과 입 주변을 하얗게 칠한 ガングロ(강구로)족들이 패션 아이콘으로 인기를 끌었어요. 요즘은 이렇게까지 그로테스크한 화장과 현란한 옷차림을 자랑하는 갸루들을 거리에서 보긴 어렵고, 속눈썹을 붙이고 화려하고 섹시하게 꾸미는 정도랍니다.

실전 대화

M なあ、お前の妹って結構派手だよな。
W でしょ、一緒に歩くと目立つんだよね。
M いいじゃん、俺ギャル好きだよ。若いし元気だし。
W じゃあ、試しに紹介しようか？

M 있잖아, 네 여동생은 꽤 화려하던데.
W 그렇지, 같이 길을 걸으면 눈에 띈다니까.
M 좋잖아, 나는 갸루 좋아해. 젊고, 건강하고.
W 그럼 시험 삼아 소개시켜 줄까?

표현 활용

+ 俺もギャルみたいな派手なのと付き合ってみたかったなあ。
+ 昔はギャルやってたけど、今は清純派にイメチェンしたんだよね。

· 나도 갸루같이 화려한 애랑 사귀어 보고 싶었는데.
· 옛날엔 갸루였지만, 지금은 청순파로 이미지를 바꿨어.

試しに 시험 삼아
イメチェン(=イメージ・チェンジ) 이미지 변신

DAY 23

マッチョ

근육남, 몸짱

근육 때문에 팔이 두꺼워 기성복이 잘 안 맞는 몸짱들도 있다면서요? 아쉽게도 제 주위엔 ビール腹(ばら)술배가 불룩 나와 옷이 안 맞는 남자들뿐이네요. 탄탄한 근육질을 자랑하는 남자다운 남자를 일본에서는 マッチョ라고 부릅니다. 남자들은 이런 마초들을 동경해도, 울퉁불퉁한 근육을 좋아하지 않는 여자들도 많답니다. 개인 취향이겠지만, 여자들은 보통 마른 것 같아도 과하지 않은 복근과 잔근육으로 탄탄하게 다져진 몸매에 열광하지요. 이런 남자들을 細(ほそ)マッチョ라고 부르는데요, 아이돌이나 젊은 꽃미남 배우 중에 많은 것 같아요.

실전 대화

M ねえ、彼氏(かれし)ってどんな人(ひと)なの？
W あ、写真(しゃしん)あるよ。ほら、この真(ま)ん中(なか)の人(ひと)。
M うわ、マッチョじゃん。すごい筋肉(きんにく)だね。
W でしょ。毎日(まいにち)ジムをはしごして鍛(きた)えてるんだってさ。

M 있잖아, 남자친구는 어떤 사람이야?
W 아, 사진 있어. 자, 여기 가운데에 있는 사람.
M 우와, 몸짱이네. 근육이 대단한걸.
W 그렇지? 매일 헬스장을 옮겨 다니며 트레이닝하고 있대.

표현 활용

+ 一年(いちねん)しっかりやればシックスパックのあるマッチョになれるよ。
+ 心配(しんぱい)しなくても女(おんな)はそんな簡単(かんたん)にマッチョにならないよ。

· 1년 동안 열심히 하면 식스팩 근육남이 될 수 있어.
· 걱정하지 않아도 여자는 그렇게 간단히 근육질 몸매가 되지 않아.

ジム 헬스장
はしごする 이집 저집 옮겨 다니다
鍛(きた)える 단련하다

DAY 23

オネエ

여자 같은 남자

일본은 우리나라보다 성에 대해 개방적인 사고를 가지고 있는 것 같아요. 그래서인지 커밍아웃을 하는 연예인들도 꽤 있어요. 보통 남성 동성애자는 ゲイ게이, 여성 동성애자들은 レズビアン레즈비언이라고 불립니다. 그리고 オカマ나 ニューハーフ는 여장을 하고 여자처럼 사는 남자, 트랜스젠더를 말하는데요. オカマ는 차별적인 뉘앙스를 지닌 표현이니 되도록 사용을 자제하는 게 좋아요. 요즘은 여장을 하거나 여성스러운 말투와 행동을 하는 사람들을 언니라는 뜻의 オネエ라고 부르기도 합니다. 반대로 여자인데 남장을 하고 남자처럼 사는 사람은 オナベ라고 합니다.

실전 대화

M この前見かけたっていうイケメンとどうなったの？
W 聞いてよ～、勇気出して声かけたらオネエだったの！
M なんでわかったの？
W だって喋ったらオネエ言葉連発だったんだもん。

M 얼마 전에 봤다던 꽃미남이랑은 어떻게 됐어?
W 들어 봐, 용기 내서 말을 걸었는데 '언니'였어!
M 어떻게 알았는데?
W 그야 말을 해 보니 여자 말투 연발이었는걸.

표현 활용

+ 最近のテレビ、オネエタレントばっかりだね。
+ 酔っ払ってオネエ言葉連発すんのやめてくんない？

· 최근에 텔레비전에 여자 말투 쓰는 탤런트들뿐이야.
· 술 취해서 여자 말투 연발하는 거 그만둬 줄래?

見かける 가끔 보다, 만나다
連発 연발
酔っぱらう 술 취하다

DAY 23

ぶりっこ

내숭녀

화가 나면 볼을 부풀리고 입술을 삐죽이며 귀여운 척을 한다. 혼자서도 충분히 딸 수 있는 병뚜껑을 일부러 남자들에게 따 달라며 연약한 척을 한다. 음주가무에 능하면서 서툰 척을 한다. 이렇게 착한 척, 귀여운 척, 연약한 척, 내숭을 떠는 여자를 ぶりっ子내숭녀라고 부르는데요. 여자들 사이에서는 정말 밥맛으로 통하지만 남자들에게는 인기가 많죠. 뭐, 여우 같은 마누라와는 살아도 곰 같은 마누라와는 못 산다는 말을 보면, 남자들이 내숭녀를 좋아하긴 하나 봐요.

실전 대화

- M ファミマ行ってきた。欲しいのあったら持ってけよ。
- W また行ったの？バカでしょ？用もないのにこんなに買って。
- M だってあの店員かわいいじゃん。いつもニコニコ、優しいし、守ってあげたくなるタイプだよな。
- W それぶりっこでしょ。この前、裏でヤンキー座りでタバコぷかぷかしてガン飛ばしてたよ？

- M 패밀리마트 갔다 왔어. 필요한 거 있으면 가져 가.
- W 또 갔어? 바보 아냐? 용건도 없는데 이렇게나 사 오고.
- M 그렇지만 점원이 귀엽단 말이야. 항상 방글방글 웃고, 상냥하고, 지켜 주고 싶은 타입이야.
- W 그거 내숭이야. 요전에 가게 뒤에서 양아치 자세로 앉아 담배를 뻐끔뻐끔 피우며 째려봤었어.

표현 활용

+ ぶりっこでもほんとにかわいい子なら許しちゃうよね。
+ なんだかんだ言っても男はぶりっこ好きだよね。

· 내숭을 떨어도 진짜로 귀여운 애는 용서가 돼.
· 이러니저러니 해도 남자는 예쁜 척하는 여자애를 좋아해

ぷかぷか 뻐끔뻐끔, 뻑뻑
ガン飛ばす 째려보다
なんだかんだ 이러니저러니

DAY 23

帰国子女
きこくしじょ

귀국자녀, 외국에서 살다 온 아이

일본에서는 해외에서 오랫동안 생활을 하고 고국으로 돌아온 학령기의 아이들을 帰国子女_{きこくしじょ}귀국자녀라고 불러요. 짧게는 1~2년 조기유학을 다녀온 아이부터 아예 외국에서 태어나서 오랫동안 살다온 아이까지 다양한 경우가 있지요. 귀국자녀들은 영어도 잘하고, 있는 집 자식 같아 보이는 플러스 이미지가 있지만, 일본어가 서툴러 학교에서 왕따를 당하는 경우도 왕왕 있다고 합니다.

실전 대화

W 昨日フレンドにコールしたんだけど、ライブラリーにいたみたいでさ。
M なぁ、恵美子ってしゃべる時に結構英単語出てくるよな。
W あれ、言わなかった？ 私、小さい頃アメリカに住んでたんだよ。
M えー 帰国子女だったの？

W 어제 프렌드한테 콜 했는데, 라이브러리에 있는 것 같아서 말이야.
M 저기, 에미코는 말할 때 꽤 영어 단어가 나오네.
W 앗, 말하지 않았던가? 나, 어렸을 때 미국에서 살았었어.
M 뭐야, 귀국자녀였어?

표현 활용

+ ちょっとちょっと、帰国子女のくせに英語ダメなの？
+ 帰国子女ってちょっと憧れるよね。
+ 帰国子女だったら大学受験楽勝でしょ。

· 잠깐만, 귀국자녀인데 영어를 못한다고?
· 귀국자녀는 조금 부러워하게 돼.
· 귀국자녀라면 대학 입학시험은 엄청 쉽겠네.

憧れる 동경하다
楽勝 낙승, 쉽게 이김

DAY 24

- 116 グルメ 미식가
- 117 大好物 가장 좋아하는 것
- 118 味見 맛을 봄
- 119 味わう 맛보다, 체험하다
- 120 行きつけ 단골, 자주 가는 가게

DAY 24

グルメ

미식가

요즘 방송계는 바야흐로 먹는 방송, 즉 먹방이 대세이지요. 침이 꼴깍꼴깍 넘어갈 정도로 맛깔나게 먹는 모습을 구경하고 있자면 언젠가 꼭 먹어 보리라는 굳은 의지를 다지게 되지요. 일본 역시 맛집 프로그램이나 음식을 소재로 한 먹방 드라마들이 참 많아요. 이런 종류의 드라마를 좋아하신다면 深夜食堂심야식당이나 孤独のグルメ고독한 미식가 같은 드라마를 おすすめ추천해 드려요. グルメ는 '미식가'라는 뜻의 프랑스어 gourmet에서 온 말인데요. 일본에는 맛집 정보를 알려주는 グルメ雑誌미식가 잡지도 많고, グルメツアー맛집 투어나 グルメめぐり맛집 순례도 아주 많답니다. 저 역시 시간과 돈이 허락한다면 삿포로에 가서 味噌ラーメン된장 라면을 먹고, 나고야에 가서 手羽先닭날개 튀김을 먹고 싶네요.

실전 대화

W 合コンの幹事任されちゃったんだけど、どっかいい店知らない?
M 新宿なら2丁目の方が雰囲気良くてつまみがおいしいお店多いよ。
W さすがグルメ。できればこじんまりとした感じがいいんだけど。
M じゃあ、隠れ家バーいくつか教えるよ。

W 미팅에서 간사를 맡게 되었는데, 어디 좋은 가게 몰라?
M 신주쿠에서 할 거라면 2번가 쪽에 분위기 좋고 안주 맛있는 가게가 많아.
W 역시 미식가야. 되도록 작고 아늑한 느낌의 가게가 좋은데.
M 그럼, 잘 안 알려진 바를 몇 군데 알려 줄게.

표현 활용

+ 食べられればなんでもいいよ、別にグルメじゃないし。
+ 私、結構グルメだよ。

· 먹을 수만 있다면 뭐든 좋아. 딱히 맛을 따지는 것도 아니고.
· 나는 꽤 미식가야.

つまみ 안주
こじんまり 조촐하고 아담함
隠れ家 은신처, 숨은 장소

DAY 24

大好物
だいこうぶつ
가장 좋아하는 것

일본은 제과·제빵 기술이 발달해서 빵이 참 맛있어요. 일본 사람들이 가장 좋아하는 빵은 역시 연초록 고운 빛깔에 겉은 바삭, 속은 폭신폭신 부드러운 メロンパン^{메론빵}이지요. 그럼 일본 사람들이 가장 좋아하는 음식은 뭘까요? 예전에 어떤 설문조사에서 봤는데 일본인들은 한 달에 한 번 이상 카레를 먹는 사람의 비율이 약 88%나 된다고 해요. 그러니까 카레야말로 일본사람들의 大好物^{가장 좋아하는 먹거리}인 셈이지요. 일전에 친구 녀석이 카레에는 염증을 가라앉히는 성분이 있어서 일주일에 한 번은 카레를 먹는 게 좋다고 예찬을 한 적이 있는데, 저도 이제부터 부지런히 챙겨 먹어야 할까 봐요.

실전 대화

M お昼何食べよっか。
W じゃあ、ココイチ行こうよ！
M うそ、またカレー食べるの？ 昨日も食べてなかったっけ？
W 大好物だもん。毎日食べても飽きないよ。

M 점심 뭐 먹을까?
W 그럼, 코코이치방야에 가자!
M 거짓말, 또 카레를 먹자고? 어제도 먹지 않았어?
W 가장 좋아하는 음식인걸. 매일 먹어도 안 질려.

표현 활용

+ 大好物を作って相手の胃袋を掴むんだ！
+ 大好物って聞いたから買ってきました。

· 좋아하는 음식을 만들어 주고 상대방의 위장을 사로잡는 거야!
· 가장 좋아하는 음식이라는 소리를 듣고 사 왔어요.

ココイチ 코코이치방야(일본의 카레체인점)
飽きる 질리다
胃袋 위, 밥통

DAY 24

味見
あじみ

맛을 봄

누구나 한 번쯤은 음식 만들 때 간을 계속 보다 미각이 둔해져 나중엔 무슨 맛인지 모르게 되는 경험을 해 봤을 텐데요. 그럴 땐 물을 마셔 입을 헹궈 가며 간을 보는 게 좋다고 해요. 그렇지 않으면 음식이 짜다고 핀잔을 주는 사람이 꼭 생기거든요. 일본에서는 음식이 맛있는지, 간이 맞는지 맛보는 것을 味見라고 합니다. 간혹 음식의 간만 봐야 하는데, 너무 맛있어 멈출 수 없는 경우도 있어요. 엄마가 갓 버무린 김치를 돌돌 말아 입안에 넣어 줄 땐 그냥 간만 보고 넘어가기에 너무 아깝지요.

실전 대화

W お弁当のおかず、照り焼きチキンでいい?
M いいよ。うわあ、うまそうだね。
W ちょっと味見して。はい、あーん。
M おいしいよ! でももう少し甘い方が好きかな。

W 도시락 반찬으로 데리야끼 치킨 괜찮아?
M 괜찮아. 우와, 맛있겠다.
W 간 좀 봐 줘. 자, 아~.
M 맛있어! 근데 나는 좀 더 단 게 좋아.

표현 활용

+ え、味見しないで作ったの?
+ 味見ばっかりしたら、今晩のおかずがなくなっちゃうよ。
+ 味見する前にちゃんと手洗って。

· 뭐야, 맛도 안 보고 만들었어?
· 자꾸 간 본다고 집어 먹으면 오늘 먹을 반찬이 다 없어져.
· 맛보기 전에 제대로 손 씻어.

DAY 24

味わう
あじ

맛보다, 체험하다

단순히 음식의 간을 보는 것은 味見(あじみ)라고 하고, 제대로 음미하며 맛보는 것은 味わう(あじ)라고 합니다. 맛있는 음식일수록 충분히 맛을 즐기며 천천히 먹어야 하는데, 입에 넣자마자 삼키기 바쁘니 문제지요. 또한 味わう(あじ)는 達成感(たっせいかん)성취감을 '맛보다', 失恋(しつれん)の苦(くる)しみ실연의 고통을 '맛보다', 屈辱(くつじょく)굴욕을 '맛보다'처럼 '체험하다'라는 뜻으로도 많이 사용됩니다.

실전 대화

W ゴルフコンペの景品(けいひんとど)届いたよ〜! 松坂牛(まつざかぎゅう)だよ!
M おおーすげえ! さすが霜降(しもふ)り牛(ぎゅう)! サシが違(ちが)うな。
W こんなご馳走(ちそう)二度(にど)とないからね。 味(あじ)わって食(た)べよ。
M おう! 半分(はんぶん)はステーキにして半分(はんぶん)はすき焼(や)きにしようぜ。

W 골프대회 경품이 도착했어! 마쓰자카산 소고기야!
M 오오, 대박! 역시 마블링이 잘 된 소고기! 기름이 다르네.
W 이런 진수성찬의 기회가 두 번은 없을 테니까. 맛을 음미하며 먹자.
M 그래! 반은 스테이크로 하고, 반은 전골로 하자.

표현 활용

+ さすが30年(ねん)もののワインは味(あじ)わい深(ぶか)いね。
+ せっかくの料理(りょうり)なのに味(あじ)わう時間(じかん)もなかったよ。
+ 海外(かいがい)で迷子(まいご)になって久(ひさ)しぶりに絶望(ぜつぼう)を味(あじ)わったよ。

· 역시 30년산 와인은 맛이 깊구나.
· 모처럼의 요리인데 맛을 음미할 시간도 없었어.
· 해외에서 미아가 돼서 오랜만에 절망을 맛봤어.

霜降(しもふ)り牛(ぎゅう) 마블링이 잘 된 소고기
サシ 기름
ご馳走(ちそう) 진수성찬, 대접
せっかく 모처럼
迷子(まいご) 미아

DAY 24

行きつけ

단골, 자주 가는 가게

연예인들이 자신이 자주 가는 가게를 소개하는 프로그램이 많이 있지요. 간혹 그 가게들이 진짜 단골이 아니라, 짜고 치는 고스톱마냥 홍보를 위한 기획이라고 밝혀져서 욕을 먹는 경우가 생기기도 하고요. 단골은 일본어로 行きつけ 또는 行きつけの店라고 합니다. 行きつけの美容師라고 하면 단골 미용실이 되고요. 한류 붐 초기에는 한류 스타들의 단골 가게가 매스컴이나 잡지 등에 소개되면서 한국으로 원정을 오는 아줌마 부대들이 참 많았더랬지요. 막상 그 가게에 가도 좋아하는 스타를 만날 확률은 희박하지만, 그들과 같은 음식을 먹었다는 것만으로 행복해하는 것이 바로 팬심이랍니다.

실전 대화

W 何にする？注文任せちゃっていい？
M おっけ。すいません、いつものやつください。あとビール2杯。
W いつもの？ここそんなによく来るの？
M うん。実はここ俺の行きつけなんだよね。

W 뭐로 할래? 주문 맡겨도 돼?
M 오케이! 여기요, 항상 먹던 것으로 주세요. 그리고 맥주 2잔.
W 항상 먹던 것? 여기에 그렇게 자주 와?
M 응. 사실 이 집은 내 단골이야.

표현 활용

+ 結構気に入ってて行きつけだった店潰れちゃった。
+ あんま遊びの女とかには行きつけの店って教えたくないよな。

· 꽤 마음에 들어서 자주 가던 가게가 망해 버렸어.
· 그냥 가볍게 만나는 여자한테는 단골집을 알려 주고 싶지 않아.

気に入る 마음에 들다
潰れる 망하다, 깨지다

DAY 25

- 121 絶品(ぜっぴん) 일품
- 122 定番(ていばん) 스테디셀러, 늘 잘 팔리는 상품
- 123 割(わ)り勘(かん) 더치페이, 각자 내기
- 124 お持(も)ち帰(かえ)り 테이크아웃, 포장
- 125 差(さ)し入(い)れ 새참, 간식

DAY 25

絶品
ぜっぴん

일품

絶品은 아주 우수한 물건이나 작품을 일컫는 말입니다. 보통은 맛있는 요리를 평가할 때 많이 쓰지요. 각 집마다 손님 초대용 絶品料理_{일품 요리}가 하나씩은 있기 마련이에요. 저희 집은 점심을 가볍게 대접할 때는 황태 육수에 싱싱한 바지락을 잔뜩 넣고, 청양고추를 송송 썰어 넣은 칼국수를 자주 선보이는데요, 시원하고 칼칼한 국물 맛이 絶品です_{끝내줘요}!

실전 대화

W あー ペコペコで死にそう。
M ラーメンでも食べに行く？
W じゃあ、王将行こ！ あそこの餃子マジで絶品だから！
M 確かに。やべー、考えたらよだれ出てきた。

W 아, 배고파서 죽을 것 같아.
M 라면이라도 먹으러 갈래？
W 그럼, '오쇼'로 가자! 거기 만두가 진짜 일품이니까!
M 확실히 그렇긴 해. 큰일났다, 생각했더니 군침 돌기 시작했어.

표현 활용

+ あそこのラーメン屋はスープが絶品なんだよ。
+ 安い食材でもプロが作れば絶品の味になるよね。
+ この店、雑誌の絶品グルメベスト3に選ばれた店だよ。

· 저기에 있는 라면 가게는 국물이 일품이야.
· 싼 식재료를 써도 프로가 만들면 맛이 일품이 되지.
· 이 가게, 잡지에서 일품 맛집 베스트 3로 선정된 가게야.

王将 오쇼(중국요리 체인점)
よだれが出る 침이 나오다
食材 식재료

DAY 25

てい ばん
定番

스테디셀러, 늘 잘 팔리는 상품

'이번에는 그냥 보너스로 주시지' 하는 바람과 달리 큰 쇼핑백 하나가 덜렁 전달되지요. 스팸 말고, 참치 말고, 샴푸 말고, 뭔가 색다른 걸 바라지만 늘 나쁜 예감은 잘 들어맞기 마련. 역시나 올해도 변함이 없어요. 스팸이나 참치, 샴푸 같은 무난한 선물세트가 명절 선물의 定番인 건 어쩔 수 없어요. 定番은 유행을 타지 않고, 늘 잘 팔리는 상품을 말해요. 이런 스테디셀러 상품에는 또 어떤 것이 있을까요? 겨울철 길거리 음식의 定番은 호떡이고, 일본 관광객들에게 꾸준히 인기 있는 定番のお土産스테디셀러 특산품은 뭐니 뭐니 해도 海苔 김이 아닐까 싶어요.

실전 대화

W 冬の新メニュー、何にしよっか。
M やっぱあったかいのがいいですよね。
W 鍋とかどう？キムチ鍋とかちゃんこ鍋。
M 冬の定番ですね。俺は寄せ鍋も好きだな。

W 겨울철 새 메뉴는 뭘로 할까?
M 역시 따뜻한 게 좋겠죠.
W 전골은 어때? 김치전골이나 창코나베.
M 겨울철 단골 메뉴죠. 저는 모듬전골도 좋아해요.

표현 활용

+ 中華料理の定番といえばラーメンでしょ。
+ トレンチは秋の定番アイテムだよね。

· 중국요리의 단골 메뉴는 라면이지.
· 트렌치코트는 가을철 단골 아이템이지.

寄せ鍋 모듬 나베
中華料理 중국요리

DAY 25

割_わり勘_{かん}

더치페이, 각자 내기

예쁘다는 친구 녀석의 말을 믿은 내 잘못이지. 마음에 들지 않는 상대와 밥 먹고 차 마시는 것도 힘들었는데, 계산까지 내가 해야 하다니! 더치페이 하자는 말이 목구멍까지 올라왔지만 좀생이처럼 보일까봐 차마 말을 꺼내지 못했어. 쿨한 척 계산을 한 후, 집으로 돌아오는 길에 친구 녀석에게 욕을 한 바가지 전송해 주었지. 이런 경험이 남자분들이라면 한 번씩 있을 텐데요. 일본 남자였다면 아마 割り勘더치페이를 했을 거예요. 일본에서는 애인 사이에도 각자 계산하는 일이 흔하거든요. 하지만 첫 데이트에서 割り勘은 조금 삼갑시다! 십중팔구 두 번째 데이트를 못하게 될 테니까요.

실전 대화

W やっぱ社会人_{しゃかいじん}と付_つき合_あうと楽_{らく}だよね。
M なんか違_{ちが}うの？
W 元_{もと}カレ学生_{がくせい}だったからさ、いっつも割_わり勘_{かん}だったんだよね。
M まあ、学生_{がくせい}ならしょうがないよね。

W 역시 직장인이랑 사귀면 편해.
M 뭔가 달라?
W 전 남자친구는 학생이어서, 항상 더치페이 했었거든.
M 뭐, 학생이라면 어쩔 수 없지.

표현 활용

+ ごめん、お金_{かね}ないから今日_{きょう}は割_わり勘_{かん}で。
+ 最初_{さいしょ}のデートから割_わり勘_{かん}って……。脈_{みゃく}ないね。

・ 미안, 돈이 없어서 오늘은 더치페이로 내자.
・ 첫 데이트부터 더치페이라니……. 가망이 없네.

脈_{みゃく} 맥, 가망성, 희망

DAY 25

お持ち帰り
테이크아웃, 포장

일본어를 몰라도, 걱정할 필요가 없어요. 우리에게는 전 세계 어디를 가도 손쉽게 찾을 수 있는 マック^{맥도날드} 같은 패스트푸드점이 있으니까요. 익숙한 메뉴를 가리키며 손가락으로 개수만 잘 꼽으면 끝. 그런데 주문이 다 끝나 안도의 한숨을 쉬려는 그 순간, 밀려오는 일본어의 쓰나미! こちらでお召し上がりですか、それともお持ち帰りですか? 이건 또 뭔 소리래? 질문을 한 점원 얼굴만 멀뚱멀뚱 쳐다보게 되지요. 이 말은 '여기서 드시나요, 아니면 가져가시나요?'란 질문이니까, 먹고 갈 거면 ここで, 테이크아웃 할 거면 持ち帰りで라고 말하면 된답니다. 참고로 이 표현은 이성을 집으로 데려 간다는 속어로 쓰기도 합니다.

🐵 실전 대화

W すいません、ケーキ2つください。
M こちらで食べていかれますか？
W いえ、持ち帰りでお願いします。
M 生モノですので、今日中にお召しあがりくださいね。

W 저기요, 케이크 두 개 주세요.
M 여기서 드시고 가시겠습니까?
W 아뇨, 포장해 주세요.
M 상하기 쉬우니, 오늘 중으로 드세요.

🐵 표현 활용

+ 食べきれなかった分はお持ち帰りしていただいて構いませんよ。
+ クラブで一人もお持ち帰りできなかったの？

· 남은 음식은 포장해 가셔도 됩니다.
· 클럽에서 한 명도 못 건졌어?

生モノ 날것
~きれない 다 ~하지 못하다

DAY 25

差し入れ

새참, 간식

농번기 때 친척집 일을 도와주러 농촌에 가 보신 적 있나요? 농사일은 몸을 쓰는 일이 많아서 그런지 배가 금방 꺼져요. 그럴 때 간절히 기다려지는 게 바로 새참이지요. 푸짐히 담긴 국수 한 그릇에 시원한 막걸리 한 잔이면 다시 일할 힘이 불끈 솟아요. 이렇게 일하는 사람들을 위한 간식을 差し入れ라고 합니다. 막장 드라마에서는 밤늦게까지 야근하는 모습이 안쓰러워 정성껏 差し入れ를 준비해 갔다가, 꼭 배우자나 애인의 불륜 현장을 목격하게 되는 비극이 발생하곤 하지요.

실전 대화

W こんにちは！池田の妻です。
M あ、池田先輩ならもうすぐ戻ってきますよ。
W そうですか。あ、これ差し入れです。皆さんで分けてください。
M いいんですか、ありがとうございます！

W 안녕하세요! 이케다 씨의 와이프입니다.
M 아, 이케다 선배님은 곧 돌아오실 거예요.
W 그런가요? 저기, 이건 간식이에요. 다 같이 나눠 드세요.
M 그래도 돼요? 감사합니다!

표현 활용

+ 残業大変そうだし、仕事先になんか差し入れしようか？
+ みんな！先輩からお菓子の差し入れもらったよ。

· 잔업 때문에 힘든 것 같으니, 일하는 곳으로 간식 같은 거라도 갖다 줄까요?
· 얘들아! 선배한테서 간식으로 과자 받아 왔어.

DAY 26

- 126 デパ地下 백화점 지하 식품관
- 127 バイキング 뷔페
- 128 レトルト 인스턴트, 즉석 음식
- 129 チャーハン 볶음밥
- 130 酎ハイ 추하이, 소주 칵테일

デパ地下

백화점 지하 식품관

호주머니 사정이 여의치 않아도, 특별히 살 물건이 없어도 괜찮아요. 백화점은 윈도우 쇼핑만으로도 신나는걸요. 하지만 여자친구 손에 이끌려 똑같은 매장을 몇 번씩 들락거려야 하는 남자들에게는 생각만 해도 피곤한 곳이기도 하지요. 쇼핑에 지친 남자들에게 그나마 위로가 되는 층이 바로 지하 1층이 아닌가 싶어요. 예쁘고 맛있는 먹거리가 잔뜩 있으니까요. 게다가 試食시식도 가능하니 둘러보는 재미가 있지요. 일본은 백화점 지하의 식품관을 デパ地下라고 부른답니다. 특히 弁当도시락과 スイーツ디저트가 무척 맛있지요.

실전 대화

M 買い物も終わったし、そろそろ帰る？
W 私、甘いもの食べたいな。ケーキ買ってから帰ろうよ。
M じゃあ、デパ地下行こうか？
W いいね、ついでに夕飯のおかずも買っていこうよ。

M 쇼핑도 끝났고, 슬슬 돌아갈래?
W 나, 단 음식이 땡겨. 케이크 사서 가자.
M 그럼, 백화점 지하 식품관 갈까?
W 좋아. 가는 김에 저녁 반찬도 사서 가지 뭐.

표현 활용

+ デパ地下で全国駅弁祭りやってるから行こうよ。
+ デパ地下の試食コーナー回ったら、お腹いっぱいになっちゃった。

· 백화점 지하 식품관에서 전국 기차역 도시락 축제를 하고 있다니까 가자.
· 지하 식품관의 시식 코너를 돌아다녔더니 배불러.

おかず 반찬
駅弁 철도역이나 기차 안에서 파는 도시락

DAY 26

バイキング

뷔페

가끔 뷔페가 땡기는 날이 있어요. 처음엔 다양한 종류의 음식을 많이 먹을 수 있을 것 같은 기대감에, 돈이 아깝지 않을 정도로 먹어주겠노라 굳은 다짐을 하고 먹기 시작하지요. 그런데 웬걸, 한두 접시 먹고 나면 슬슬 지치기 시작해요. 다시 전열을 가다듬고 과일이며 케이크, 디저트를 한가득 담아 오지만, 이상하게 뷔페를 갔다 오면 배는 부른데 뭔가 맛있는 것을 먹은 기억도 없고, 항상 본전 생각이 나는 것 같아요. 일본에서는 뷔페를 バイキング라고 하는데요. 처음으로 생긴 뷔페식 레스토랑이 '바이킹'이라, 그 이름이 굳어져 지금까지 쓰이고 있다 합니다.

실전 대화

W 何食べる？
M そうだなあ、すげえ腹減ってるからたくさん食べられるのがいいな。
W じゃ、バイキング行こうか。駅の向こうに新しい店できたんだよ。
M いいねー。じゃ、そこ行こうぜ。

W 뭐 먹을까?
M 그러게, 너무 배고파서 많이 먹을 수 있는 게 좋아.
W 그럼, 뷔페 갈까? 역 건너편에 새로운 가게가 생겼거든.
M 괜찮네. 그럼, 거기 가자.

표현 활용

+ ここバイキングだけどドリンクは別料金だってよ。
+ バイキングは女だけで行った方がモリモリ食べられるよね。

· 이 가게는 뷔페인데도, 음료수에는 별도로 돈을 내야 한대.
· 뷔페는 여자끼리 가는 게 많이 먹을 수 있지.

別料金 별도 요금
モリモリ 왕성하게 먹어대는 모양

DAY 26

レトルト

인스턴트, 즉석 음식

레토르트는 인스턴트, 즉석 식품을 말해요. 원래 retort pouch는 즉석 식품을 포장하는 방식을 뜻하는 말인데, 레토르트는 바로 거기서 온 표현이에요. 요즘은 정말 이런 레토르트 식품의 전성기라고 말할 수 있지요. 예전에는 자취생들의 힘든 주머니 사정과 귀차니즘에 부응하는 3분 단품요리가 주류였다면, 요즘은 정말 없는 음식이 없을 정도로 종류가 다양해졌어요. 각종 찌개류는 물론이거니와 삼계탕 같은 보양식도 레토르트로 나와 있지요. 하지만 아무리 맛이 뛰어나다고 해도 2% 허전한 느낌이 드는 까닭은 엄마의 사랑이 담긴 손맛이 부족해서겠지요.

실전 대화

M ただいま。あれ、おふくろは？
W お母さん、今日は同窓会でいないって言ってたじゃん。
M えー、メシは？俺腹ペコだよ。
W レトルトでもチンして食べてって。

M 다녀왔습니다. 어? 엄마는?
W 엄마는 오늘 동창회 때문에 없다고 말했잖아.
M 에이, 밥은? 나 배고프다고.
W 인스턴트라도 데워서 먹으라고 하던데.

표현 활용

+ 最近レトルトばっかりで体壊しそう。
+ 彼女の手料理かと思ったら全部レトルトだったんだよね。

· 요즘에 인스턴트 식품만 먹어서 몸 상할 것 같아.
· 여자친구가 직접 만든 요리인 줄 알았는데, 죄다 인스턴트였어.

腹ペコ 배고픈 상태
チンする 전자레인지로 데우다
手料理 직접 만든 요리

DAY 26

チャーハン

볶음밥

요리 실력이 영 젬병이다. 냉장고 안에는 말라비틀어진 당근과 양파만이 뒹굴고 있을 뿐, 이렇다 할 요리 재료도 없다. 出前배달음식을 시켜 먹으려니 1인분이라고 욕먹을 것 같아 망설여진다. 이런 여러분을 구원해 줄 요리가 있으니 바로 チャーハン볶음밥이에요. 요란한 요리 솜씨 따위 필요 없어요. 찬밥 한 덩이와 약간의 수고로움만 있으면 누구나 맛있는 볶음밥을 만들어 먹을 수 있지요. 일본 사람들은 간장으로 간을 하는 것을 좋아한다지만, 개인적으로 볶음밥엔 オイスターソース굴소스가 들어가야 맛있는 것 같아요. 물론 キムチチャーハン김치볶음밥은 별다른 양념이 없어도 맛나지만요.

실전 대화

M おふくろ、ただいま。腹減った〜。
W 友達と食べて来るかと思ってお兄ちゃんがおかず食べちゃったよ。
M えー、なんだよ。冷蔵庫の残りでいいからチャーハン作ってよ。
W ハムと卵くらいしかないけどそれでいい？

M 엄마, 나 왔어! 배고파.
W 친구랑 먹고 오는 줄 알고 형이 반찬을 다 먹어 버렸어.
M 아, 뭐야. 냉장고에 남아 있는 거라도 좋으니까 볶음밥 만들어 줘.
W 햄이랑 계란 정도가 다인데 그래도 괜찮아?

표현 활용

+ やっぱ店のチャーハンには敵わないよな。
+ すいません、半チャン半ラーセット一つ。

· 역시 가게에서 파는 볶음밥은 이길 수 없어.
· 저기요, 볶음밥 라멘 반반세트 하나요.

冷蔵庫 냉장고
敵う 필적하다, 대항하다

DAY 26

酎ハイ
ちゅう

추하이, 소주 칵테일

한국에서는 절대 상상할 수 없는 일, 아니 상상하기도 싫은 일! 바로 소주에 물 타 마시기. 일본에서는 水割り라고 소주에 물과 얼음을 넣어 마시는데, 그 광경을 처음 목격했을 때는 정말 컬쳐 쇼크였어요. 일본 사람들은 독한 술을 별로 좋아하지 않아서, 막걸리조차 칵테일로 만들어 마시길 좋아하지요. 또 일본식 소주에 탄산수를 탄 酎ハイ도 많이 마신답니다. 알코올 도수도 낮고 종류도 엄청 많아서 レモン레몬, グレープフルーツ자몽, ライム라임, 梅매실 과즙이 함유된 酎ハイ가 일본 여성들에게 인기가 높답니다.

🐵 실전 대화

M みんな、乾杯はジョッキ生でいい？
W ごめん、私ビール苦手なんだよね。他のない？
M じゃ、酎ハイは？ これなら飲みやすいよ。
W ありがとう。じゃあ、レモンハイお願いします。

M 얘들아, 건배는 생맥주로 해도 괜찮지?
W 미안, 나 맥주는 못 마셔. 다른 거 없어?
M 그럼 소주 칵테일은 어때? 이건 마시기 쉬워.
W 고마워. 그럼 레몬소주 칵테일로 부탁할게.

🐵 표현 활용

+ ファミマで缶酎ハイ買ってきて。
+ やっぱ酎ハイ飲むなら生グレでしょ。
+ 新しくできた酎ハイ、バカ売れしてんだってよ。

· 패밀리마트에서 캔으로 된 소주 칵테일 좀 사다 줘.
· 역시 소주 칵테일은 자몽 맛이지.
· 새로 나온 소주 칵테일이 불티나게 팔리고 있대.

> ジョッキ 손잡이가 달린 큰 맥주잔

DAY 27

- 131 終電 막차
- 132 日帰り 당일치기
- 133 寄り道 가는 도중에 다른 곳에 들름
- 134 飲み明かす 밤새 술 마시다
- 135 オール 올나이트

DAY 27

終電 しゅうでん

막차

한국에서는 밤늦은 시간까지 부어라 마셔라 코가 삐뚤어지도록 술을 마셔도 귀가를 걱정할 필요가 없어요. 우리에겐 쏜살같이 집까지 데리고가 줄 든든한 택시가 있으니까요. 하지만 일본에서라면 경우가 조금 다르지요. 술자리가 길어지면 불안이 엄습해 오기 시작해요. 왜냐면 일본에서는 終電(막차)를 놓치면 큰일 나거든요. 일본은 택시비가 무척 비싸서 우리나라에서처럼 부담 없이 택시를 탈 수가 없답니다. 그래서인지 일본에서는 가게들의 문 닫는 시간도 빠른 편이지요.

실전 대화

W あ、そろそろ帰(かえ)らなきゃ。
M 明日(あした)休(やす)みでしょ？もう少(すこ)しゆっくりしていきなよ。
W んー、でも終電(しゅうでん)そろそろだし。乗(の)り遅(おく)れちゃうと帰(かえ)れなくなっちゃうから。
M だったらうちに泊(と)まっていきなよ。

W 아, 슬슬 돌아가야 해.
M 내일 쉬지? 좀 더 천천히 있다가 가.
W 음…… 그래도 슬슬 막차 시간이야. 놓치면 집에 못 가니까.
M 그럼 우리 집에서 자고 가.

표현 활용

+ うちの門限(もんげん)なら終電(しゅうでん)までに帰(かえ)れば大丈夫(だいじょうぶ)。
+ お前(まえ)、うちに泊(と)まろうとしてわざと終電逃(しゅうでんのが)しただろ。

· 우리 집 통금시간은 막차 다닐 때까지만 들어가면 괜찮아.
· 너, 우리 집에서 자려고 일부러 막차 놓친 거지?

門限(もんげん) 통금시간
わざと 일부러

DAY 27

日帰り(ひがえり)

당일치기

예전에 '열심히 일한 자 떠나라'라는 가슴 설레는 광고 카피가 있었어요. 정말 매일매일 쳇바퀴 돌듯 살다 보면 어디론가 떠나고픈 충동이 드는 것 같아요. 저는 그런 충동을 너무 자주 느껴서 탈이지만요. 여행은 혼자 훌쩍 떠나도 좋고, 여럿이 어울려 왁자지껄하게 가도 좋고, 배낭 하나 둘러메고 자유로이 다니는 バックパッキング배낭여행도 좋고, 여행 초심자를 위한 パック패키지 여행도 괜찮아요. 일상을 잠시 접고 오랜 시간 떠나도 좋고, 부담 없이 바람을 쐬고 오듯 日帰り(ひがえり)당일치기로 다녀와도 좋지요. 그러니까 '여행은 다 좋다'가 제 결론이에요.

실전 대화

W あー、温泉行きたい。温泉、温泉、温泉!
M 無理だよ。今年はもう有給使い切っちゃって休みないんだから。
W じゃあ、日帰りにしようよ。千葉なら都内からでも余裕でしょ。
M あ、その手があったか。

W 아, 온천 가고 싶어. 온천, 온천, 온천!
M 무리야. 올해는 벌써 유급휴가를 다 써 버려서 휴일이 없으니까.
W 그럼, 당일치기로 가자. 치바라면 도쿄 안에서도 여유롭게 다녀올 수 있잖아.
M 아, 그런 방법이 있었구나.

표현 활용

+ いくらグリーンシートでも大阪まで日帰り出張はキツイよね。
+ 今回の旅行は時間もないし、日帰りにしない?

· 아무리 지정석이라고 해도 오사카까지 당일치기 출장은 힘드네.
· 이번 여행은 시간도 없으니, 당일치기로 다녀오지 않을래?

有給(ゆうきゅう) 유급휴가
都内(とない) 도쿄 안
手(て) 방법, 수단
グリーンシート 지정석

DAY 27

寄り道
よ　みち

가는 도중에 다른 곳에 들름

퇴근을 할 때 별다른 스케줄이 없어도 곧바로 귀가하지 않고 옆길로 새는 남성분들이 꽤 있는 것 같아요. 한 지인은 집에 가서 애들이랑 놀아 주는 것이 회사 일보다 더 피곤하다며 없는 술 약속을 일부러 만들기도 하더라고요. 아, 왠지 씁쓸하네요. 그렇게 아이들이 어릴 때 안 놀아 주면 분명 나중에 아내와 아이들이 아빠랑 안 놀아 줘서 외로워질 텐데요. 아무튼 가야 할 길을 그대로 가지 않고 도중에 다른 곳에 들르거나 샛길로 빠지는 것을 寄り道라고 합니다.

실전 대화

W あー、おなかすいた。
M 俺も。今日は結構歩いたもんな。
W ねえ、ちょっと駅前のラーメン屋に寄り道していかない？
M いいね、帰ってからご飯作るのめんどいしな。

W 아, 배고파.
M 나도. 오늘은 꽤 걸어 다녔으니까.
W 있잖아, 역 앞에 있는 라면집에 살짝 들렀다 가지 않을래?
M 그래, 집에 돌아가서 밥 만드는 것도 귀찮으니까.

표현 활용

+ ちょっと駅前の居酒屋に寄り道してこうか？
+ 人生に寄り道はつきものだよ。
+ 今日は寄り道しないでまっすぐ帰ってきてね。

· 잠깐 역 앞의 술집에 들렀다 갈까?
· 인생을 살다 보면 옆길로 빠지는 일이 생기기 마련이야.
· 오늘은 어디 들르지 말고 바로 돌아와.

めんどい(=めんどうくさい)
귀찮다
つきもの 부속물, 따라 다니는 것

169

DAY 27

飲(の)み明(あ)かす

밤새 술 마시다

술을 많이, 잘 마시는 사람을 흔히 '주당', '술고래'라고 부르지요. 일본에서는 이런 사람들을 酒飲(さけの)み, 혹은 ざる라고 불러요. ざる는 소쿠리라는 뜻인데요, 물을 부으면 다 빠져 나가는 소쿠리처럼 술꾼들은 아무리 술을 마셔도 취하지 않고 끝도 없이 마셔 대니 이렇게 부르는 것 같아요. 술자리가 1차로 끝나는 경우는 주당들에게 있을 수 없는 일, 아니 있어서는 안 되는 일이지요. 二次会(にじかい)2차는 기본이고, 3차, 4차로 끊임없이 이어져요. 일본에서는 梯子(はしご)사다리 오르듯 줄줄이 이어지는 술자리를 梯子酒(はしござけ)라고 한답니다. 부어라 마셔라, 술집 순례를 하다 보면 날이 새는 경우도 허다하지요. 밤새도록 술을 마시는 것을 飲(の)み明(あ)かす라고 합니다.

실전 대화

M ああ、眠(ねむ)い。
W 昨日(きのう)早(はや)く帰(かえ)らなかったの?
M 終電(しゅうでん)逃(のが)しちゃってさ。ずっと居酒屋(いざかや)で飲(の)んでたんだよね。
W え、朝(あさ)まで飲(の)み明(あ)かしたの?

M 아, 졸려.
W 어제 일찍 집에 안 갔어?
M 막차를 놓쳐 버리는 바람에. 계속 술집에서 마셨거든.
W 뭐, 아침까지 밤새도록 술 마신 거야?

표현 활용

+ 明日(あした)は仕事(しごと)ないし今日(きょう)は朝(あさ)まで飲(の)み明(あ)かそうぜ。
+ 大事(だいじ)な会議(かいぎ)の前日(ぜんじつ)に飲(の)み明(あ)かすだなんて、何(なに)考(かんが)えてんの!

· 내일은 일도 없으니, 오늘은 아침까지 밤새도록 술 마시자.
· 중요한 회의 전날에 밤새도록 마시다니, 무슨 생각인 거야!

前日(ぜんじつ) 전날

DAY 27

オール

올나이트

지금은 꿈도 못 꿀 일이지만 체력이 받쳐 주던 20대 때엔 자주 オール올나이트를 했답니다. クラブ클럽에서 밤새 그루브를 타거나, 친구의 좁은 자취방에 모여 마른안주에 술잔을 돌려 가며 밤새 이야기꽃을 피웠어요. 그러고선 다음 날 퀭한 눈에 초췌한 낯빛으로 주변 사람들에게 선전포고를 하듯 '나 어제 올나이트 했어'라고 말하지요. 그 말 속에는 너무 피곤하니 오늘 하루는 봐 달라는 간곡함이 담겨 있었네요. 보통은 음주가무를 즐기느라 オール를 하는 경우가 대부분이지만, 시험기간에 一夜漬け벼락치기를 할 때는 아주 가끔 공부로 オール를 하는 기특함을 보이기도 했답니다.

실전 대화

M おい、飲みに行くぞ!
W え、この時間からですか? 電車なくなっちゃいますよ。
M オールするに決まってんだろ。
W また朝までですか。

M 이봐, 마시러 가자!
W 어, 이 시간에요? 전철 끊길 텐데요.
M 당연히 올나이트 해야지.
W 또 아침까지요?

표현 활용

+ オールで飲むと次の日絶対起きらんないよな。
+ もう学生じゃないからオールはきついかな。

· 올나이트로 술을 마시면 다음 날 절대 못 일어나.
· 이제 학생도 아니고, 올나이트는 힘들지 않을까.

きつい 고되다, 엄하다

DAY 28

- 136 馴れ初め 사귀게 된 계기
- 137 壁ドン 벽으로 밀치기
- 138 イチャイチャする 노닥거리다
- 139 ペアルック 커플룩
- 140 腕枕 팔베개

DAY 28

馴れ初め

사귀게 된 계기

학창시절, 지겹던 수업시간에 귀가 번쩍 뜨이는 순간이 있었으니, 바로 선생님이 들려주시던 첫사랑 이야기! 로맨스소설보다 달콤하고 흥미진진했어요. 특히 오랫동안 짝사랑하다가 연인 관계로 발전하는 스토리는 그 어떤 성공담보다 가슴이 두근거렸던 것 같아요. 아마 순수했던 시절이라 더욱더 그랬겠지요. 馴れ初め는 연인들이 사귀게 된 계기나 만남을 뜻합니다. 연애담에서 가장 스펙터클한 부분이지요. 그런데 나이가 들면서는 세상에서 제일 듣기 싫고 재미없는 것이 바로 남의 연애 이야기가 되어 버렸으니 정말 아이러니한 것 같아요.

실전 대화

W お母さんとお父さんってさ、どうやって出会ったの？
M んーそうだな、まあ、話しかけたんだよ、道で。
W それが馴れ初めなの？ えっ、二人ってナンパだったの？
M まあ、そういうこった。

W 엄마랑 아빠랑 말이야, 어떻게 만났어?
M 흠, 글쎄. 뭐, 길에서 말을 걸었지.
W 그게 사귀게 된 계기야? 둘은 헌팅으로 만났어?
M 뭐, 그런 셈이지.

표현 활용

+ 二人の馴れ初めってなーに？
+ 何年も前の話だもん。馴れ初めなんて忘れちゃったよ。

· 둘이 사귀게 된 계기는 뭐야?
· 몇 년이나 전의 이야기야. 사귀게 된 계기 같은 건 잊어버렸어.

ナンパ 헌팅

壁ドン

DAY 28

벽으로 밀치기

壁ドン은 壁벽과 물건 등이 둔탁하게 부딪히는 소리인 ドンᄏ의 합성어인데요, 남성이 여성을 벽에 확 밀어붙인 후 한 손으로 벽을 짚어 상대를 옴짝달싹 못하게 하는 행위를 말합니다. 순정만화나 드라마에 나오는 멋진 남자 주인공들의 전매특허라 할 수 있지요. 실제로 이런 상황에 처한다면 얼굴이 엄청 밀착되니깐 웬만큼 잘생긴 남자가 하지 않은 이상 엄청 불쾌할 것 같다는 생각도 드네요.

실전 대화

M 女の子ってさ、どんなシチュエーションにドキドキするの？
W う～ん、そうだなあ。壁に追い詰められてチュウされたり、口説かれたり？
M あ、壁ドン？ それ最近テレビでよく見るけど、そんないいもんなの？
W 胸キュンだよ～。そこから顎クイね。でもイケメンに限るけどね。

M 여자애들은 말이야, 어떤 상황에서 두근거리는 거야?
W 으음, 글쎄. 벽에 몰아넣고 뽀뽀당하거나, 구애를 받을 때?
M 아하, 벽으로 밀치기? 그거 최근에 텔레비전에서 자주 보는데, 그렇게 좋은 거야?
W 심쿵이지. 거기서 턱도 들어 줘야 해. 하지만 꽃미남에 한해서야.

표현 활용

+ イケメンの王子様に壁ドンされたら胸キュンだよ。
+ 壁ドンすれば女は皆落ちるとか勘違いしちゃだめだって。あれ漫画だから。

· 꽃미남 왕자님한테 벽치기 당하면 두근거리지.
· 벽으로 밀친다고 여자가 모두 반한다고 오해하면 안 된다니까. 그건 만화 속 이야기야.

追い詰める 막다른 곳으로 몰아넣다
胸キュン (감동 · 설레임 등으로) 가슴이 메일 듯 애절한 상태
顎クイ 남자가 여자의 턱을 잡아 추켜올리는 것

DAY 28

イチャイチャする

노닥거리다

요즘은 공공장소에서 끈적끈적 닭살 행각을 벌이는 젊은 커플들이 많아요. 영화관 같은 어두컴컴한 곳은 그나마 나아요. 뭐, 가벼운 츄–뽀뽀 정도는 애교로 봐줄 수 있어요. 하지만 가끔은 수위가 19금까지 올라가 눈 둘 곳이 없어 당혹스러운 때도 있지요. 남녀가 닭살스러운 애정 행각을 벌이는 것을 イチャイチャする 혹은 いちゃつく 라고 합니다. 우리가 스킨십을 좋아하는 편인지는 모르겠으나, 확실히 일본보다 우리나라 사람들이 닭살 행각을 더 즐기는 것 같아요.

실전 대화

W ねえ、斜め右、チラッとみて、チラッと!
M うわー。ベロチューかよ。恥ずかしくないのかね。
W いいな、いいなあ。私もイチャイチャしたいよ。
M バーカ、みんなの前でできるわけないだろ。

W 있잖아, 대각선으로 오른쪽을 살짝 봐. 살짝!
M 우와~ 프렌치키스 하는 거야? 부끄럽지도 않나.
W 정말 좋겠다. 나도 애정 행각 벌이고 싶어.
M 바보야! 남들 앞에서 할 수 있을 리가 없잖아.

표현 활용

+ あのカップル、またイチャイチャしてるよ。
+ 電車の中でよくイチャイチャできるよな。
+ ちょっと、目の前でイチャイチャしないでくれる?

· 저 커플은 또 닭살 행각을 벌이고 있어
· 전철 안에서 잘도 애정 행각을 벌이고 있네.
· 잠깐만, 눈앞에서 딱 붙어 노닥거리지 말아 줄래?

斜め 대각선
ちらっと 언뜻, 살짝
ベロチュー 프렌치키스

DAY 28

ペアルック

커플룩

연인끼리 똑같은 휴대전화 케이스를 사용하거나, 디자인이 비슷한 악세사리를 걸치고 다니는 것까진 사랑스럽고 귀여워요. 그런데 가끔 길을 걷다 보면 아무리 봐도 좀 과하다 싶은 おそろ^{커플} 아이템들이 있어요. 맨투맨 티셔츠에 바지에서 신발까지 전부 똑같이 맞춰 입으면, 극에 달한 촌스러움 때문에 보는 사람이 다 민망하다니까요. 정말 배가 아파 딴죽 거는 게 아니라고요. 하지만 ペアルック^{커플룩}은 갓 연애를 시작한 커플들의 영원한 로망이지요. 포기할 수 없다면 조금 더 세련되게 입는 것은 어떨까요. 다른 디자인으로 색상만 맞춘다거나, 디자인이 같으면 색상을 달리한다면 한층 더 멋스러울 것 같아요.

실전 대화

W ねえ、なんかおそろで服買おうよ〜。
M やだよ、新婚じゃあるまいし。
W 靴ならどう？さりげなくていいでしょ。
M 靴でペアルックか。イロチならいいよ。

W 있잖아, 같은 옷으로 맞춰 사자.
M 싫어, 신혼도 아니고.
W 신발은 어때? 자연스럽고 좋잖아.
M 신발로 커플룩을 하자고? 색깔을 다르게 고르면 괜찮아.

표현 활용

+ 新婚さんといえばペアルックでしょ。
+ そのペアルック、正直言ってダサいよ。

· 신혼이라고 하면 커플룩이지.
· 그 커플룩은 솔직히 말해서 촌스러워.

> さりげなり 아무 일도 아닌 듯 하다
> イロチ(=色違い) 색깔이 다름
> ダサい 촌스럽다, 멋없다

DAY 28

腕枕
<small>うでまくら</small>

팔베개

저릿저릿을 시작으로 뻣뻣해졌다가 끝내 팔의 감각이 없어지고 말아요. 몸을 이리저리 뒤척이지도 못해요. 무슨 큰 병에라도 걸렸냐고요? 아니요, 팔베개 말이에요. 남자들이 이런 고통과 불편함을 감수하는 이유는 바로 사랑 때문이지요. 역시 사랑에는 팔 저리는 고통쯤은 감내하는 희생이 필요하군요. 매일 밤 사랑하는 사람이 해 주는 팔베개를 베고 잠드는 게 모든 여성들의 로망이에요. 영원히 끝나지 않을 것 같은 팔 저림도 눈에 씐 콩깍지가 떨어지면 서서히 사라질 테니 지금 힘든 불면의 밤을 보내는 남자분들은 조금만 더 참으세요.

실전 대화

M あ～ 腕いてえ。
W どしたの。激しい運動でもした?
M いや、昨日彼女にねだられて一晩中腕枕してあげたんだよね。
W それはきつかったでしょ。

M 아~ 팔 아파.
W 왜, 격한 운동이라도 했어?
M 아니, 어제 여자 친구가 졸라서 밤새도록 팔베개를 해 줬어.
W 그거 힘들었겠네.

표현 활용

+ 一度でいいからマッチョに腕枕とかされてみた～い!
+ 初めての腕枕はドキドキしたけど、今は疲れるだけだわ。

· 한 번만이라도 좋으니까 근육남한테 팔베개 받아 보고 싶어!
· 처음에는 팔베개가 두근두근했었는데, 지금은 피곤할 뿐이야.

ねだる 조르다

DAY 29

- 141 義理チョコ 의리 초콜릿, 예의상 주는 초콜릿
- 142 婚活 구혼 활동
- 143 共働き 맞벌이
- 144 バツイチ 돌싱, 한 번 이혼한 사람
- 145 訳あり 사연이 있음, 흠이 있음

DAY 29

義理チョコ
의리 초콜릿, 예의상 주는 초콜릿

솔로들에게 가장 괴로운 날은 바로 달콤한 향내가 진동하는 밸런타인데이입니다. 일본에서는 시중에 초콜릿 제품도 많이 나와 있지만, 직접 초콜릿을 만들 수 있는 재료들도 많이 팔아요. 정말 좋아하는 사람에게는 애정과 정성이 가득한 手作りチョコ수제 초콜릿을 주고 싶은 게 바로 여자의 마음이지요. 수제 초콜릿을 받은 친구를 부러운 시선으로 바라보는 여러분께 불쑥 건네지는 초콜릿이 있었으니 바로 義理チョコ의리 초콜릿입니다. 개인적으로는 초콜릿으로 좋아하는 마음을 고백하는 로맨틱한 날이 의리라는 명목 하에 아무에게나 초콜릿을 주는 날로 퇴색되어 버린 것 같아 조금은 씁쓸하네요.

실전 대화

W 先輩! はい、これ。
M まじで? まじでまじで? お前、やっぱ俺のこと好きだったんだな。
W 何言ってんですか。義理ですよ、義理! お返し、忘れないでくださいよ!
M だよね。義理チョコですよね。そうですよね。

W 선배! 이거 받으세요.
M 진짜? 정말? 너, 역시 나를 좋아했던 거구나.
W 무슨 소리예요. 의리상 주는 거예요, 의리! 답례하는 것도 잊지 말아 주세요!
M 그러면 그렇지, 의리 초콜릿이구나. 그렇구나.

표현 활용

+ お返しに金かかるから義理チョコとか欲しくないよな。
+ 義理チョコ渡すより友チョコにしたほうが楽しいよね。

· 답례하는 데에 돈 드니까 예의상 주는 초콜릿은 원하지 않아.
· 의리 초콜릿 건네는 것보다 우정 초콜릿 쪽이 더 재미있지.

お返し 답례

DAY 29

婚活(こんかつ)

구혼 활동

요즘은 방송에서도 '짝'을 찾아 줄 만큼 제짝 찾기가 힘든 시대인가 봐요. 자신에게 걸맞는 배우자를 찾기 위해 적극적으로 활동하는 것을 結婚活動(けっこんかつどう), 줄여서 婚活(こんかつ)라고 합니다. 취직을 하기 위해 취업 활동을 하는 것을 就活(しゅうかつ)라고 하는데, 아마도 여기에서 파생된 말인 것 같아요. 나이가 찰수록 상대를 만날 기회는 적어지고, 점점 결혼하기가 힘들어지지요. 그럴수록 적극적으로 婚活(こんかつ)를 해야 해요. 소개팅이 들어오면 튕기지 말고 일단 만나 보고, 만남을 위한 커뮤니티에도 가입해 보고, 결혼정보회사의 도움을 받는 것도 나쁘지 않답니다.

실전 대화

M 今日(きょう)きれいじゃん、どっか行(い)くの?
W 午後(ごご)からホテルでお見合(みあ)い。
M マジで? もう婚活(こんかつ)してんの?
W だって売(う)れ残(のこ)ったらやだもん。

M 오늘 예쁘네, 어디 가?
W 오후에 호텔에서 맞선 봐.
M 진짜? 벌써 결혼 활동을 하는 거야?
W 그치만 독신으로 남겨지긴 싫은걸.

표현 활용

+ 娘(むすめ)が頑張(がんば)って婚活(こんかつ)してる裏(うら)で、お母(かあ)さんはこっそり離活(りかつ)してたよ。
+ 就活(しゅうかつ)やめて婚活(こんかつ)にシフト・チェンジしちゃおうかな。

· 딸이 열심히 구혼 활동 중이었는데, 엄마는 뒤에서 살짝 이혼 활동을 하고 있었어.
· 취직 활동은 그만두고 구혼 활동으로 방향을 바꿔 버릴까.

売(う)れ残(のこ)る 팔리지 않고 남다, 혼기가 지나도록 독신으로 있다
シフト 위치, 방향 등을 옮김

共働き
ともばたら

맞벌이

아이가 있는 맞벌이 부부에게는 주말이 따로 없는 것 같아요. 밀린 집안일도 해야지요. 일하느라 못 놀아 준 몫까지 아이들과 놀아 줘야 하니까 도무지 쉴 수가 없어요. 일본어로 맞벌이는 共働き(ともばたら), 혹은 共稼ぎ(ともかせ)라고 합니다. 요즘은 외벌이로만 생활하기에는 너무 팍팍한 세상이에요. 한 명은 생활비를 벌고, 한 명은 대출금을 갚아야 한다는 우스갯소리도 있으니깐 말이지요. 특히 아내들은 仕事(しごと)일과 育児(いくじ)육아, 家事(かじ)가사를 모두 해내야 하니까 너무 힘들 것 같아요. 남편의 적극적인 도움과 사랑만이 지친 아내에게 웃음을 선물할 수 있을 것 같네요.

실전 대화

W ねえ、いつ結婚(けっこん)するの？
M うーん。お金(かね)もう少(すこ)したまったらね。子供(こども)とかいろいろお金(かね)かかるでしょ。
W 私(わたし)、別(べつ)に共働(ともばたら)きでも構(かま)わないけど。
M そう？ てっきり専業主婦(せんぎょうしゅふ)じゃなきゃいやだと思(おも)ってたよ。

W 있잖아, 언제 결혼할 거야?
M 으음, 돈이 조금 더 모이면. 아이라든지 여기저기에 돈 들잖아.
W 나는 맞벌이해도 별로 상관없어.
M 그래? 틀림없이 전업주부가 아니면 싫다고 할 줄 알았어.

표현 활용

+ えー、やだー。共働(ともばたら)きじゃなくて専業主婦(せんぎょうしゅふ)がいい。
+ 共働(ともばたら)きにしないとうちの家計(かけい)は火(ひ)の車(くるま)だよ。

· 읔, 싫어. 맞벌이 말고 전업주부가 좋아.
· 맞벌이를 하지 않으면 우리 집 가계는 정말 쪼들리게 될 거야.

> てっきり 틀림없이, 영락없이
> 専業主婦(せんぎょうしゅふ) 전업주부
> 火(ひ)の車(くるま) 경제 상태가 몹시 궁한 모양

DAY 29

バツイチ

돌싱, 한 번 이혼한 사람

バツ는 오류나 취소 등을 나타내는 X표가위표를 뜻하는 단어인데요. 보통 バツイチ라고 하면 한 번 이혼한 경험이 있는 돌싱을 말합니다. 이혼을 두세 번 하는 사람도 있으니까 그럴 경우 バツニ, バッサン이라는 표현을 쓰기도 합니다. 일본에서는 1990년대에 신혼여행을 다녀온 후 나리타 공항에서 헤어지는 成田離婚나리타이혼이라는 현상이 유행을 했답니다. 요즘은 新成田離婚신나리타이혼이라고 해서, 정년을 맞은 남편과 해외여행을 다녀온 후 곧바로 이혼하는 熟年離婚황혼이혼이 증가하고 있다고 해요. 아무쪼록 나이 들어 バツイチ 타이틀을 달지 않게 가정을 살뜰히 챙겨야 할 것 같아요.

실전 대화

W ねえ、あの人知り合いなの？ 紹介してよ。
M 別にいいけど。本気？
W だってあんなかっこいい人がこの歳で独身なんだよ？
M う〜ん、独身っていうか、バツイチだけどそれでよければ。

W 있잖아, 저 사람하고 아는 사람이야? 소개해 줘.
M 뭐, 괜찮긴 한데. 진심이야?
W 그야 저렇게 멋있는 사람이 이 나이까지 독신이잖아.
M 그게……, 독신이라고는 할 수 없고, 돌싱인데 그래도 괜찮다면.

표현 활용

+ いまどきバツイチなんて珍しくもなんともないよ。
+ バツイチ子持ちでよければ、付き合ってください。

· 요즘 돌싱은 희귀한 것도 아니야.
· 돌싱에 아이가 있더라도 괜찮다면 사귀어 주세요.

> いまどき 요즘, 오늘날
> 子持ち 아이가 있음

訳(わけ)あり

사연이 있음, 흠이 있음

一日一個(いちにちいっこ)のリンゴは医者(いしゃ)を遠(とお)ざける 하루에 사과 하나면 의사를 멀리한다라는 말이 있지요. 그 말을 굳게 믿고 매일 아침 사과를 갈아서 먹고 있어요. 크고 먹음직스러워 보이는 사과는 너무 비싸서 항상 못난이 흠과를 사다 먹는답니다. 조금 작고 못생겼어도 맛과 영양은 좋거든요. 저는 가구를 살 때도 전시상품이나 약간 스크래치가 있는 B급 상품을 좋아해요. 쓰는 데 별 무리가 없는 대신 가격은 정말 착하거든요. 이런 상품들을 일본어로는 訳(わけ)あり商品(しょうひん) 사정이 있는 상품이라고 합니다. 訳(わけ)あり는 남들에겐 차마 말 못할 사연이 있음을 뜻하는데, 흠이 있는 물건을 의미하기도 합니다.

실전 대화

W どうですか。今日(きょう)ご契約(けいやく)されるんなら家賃(やちん)5万(まん)でいいですよ。
M 5万(まん)ですか? 2DKでそれは安(やす)すぎません?
W この物件(ぶっけん)、部屋(へや)はいいんですけど、隣(となり)が墓地(ぼち)なんですよね。
M あ〜 どうりで。訳(わけ)あり物件(ぶっけん)なんですね。

W 어때요? 오늘 계약하신다면 집세를 5만 엔으로 해 줄게요.
M 5만 엔이요? 방이 두 개인데 너무 싸지 않아요?
W 이 집이 방은 좋은데 옆에 묘지가 있거든요.
M 아, 그래서구나. 사정이 있는 물건이네요.

표현 활용

+ 訳(わけ)ありならなんも聞(き)かないけど。
+ 友達(ともだち)から聞(き)いた話(はなし)だけど、あの二人(ふたり)、訳(わけ)ありらしいよ。

・사연이 있다면 아무것도 묻지 않을게.
・친구한테서 들은 이야기인데, 저 둘, 무슨 사연이 있는 것 같아.

> どうりで 그러면 그렇지, 과연, 어쩐지

DAY 30

- 146 ぼったくり 바가지
- 147 激安(げきやす) 초저가
- 148 お買い得(かいどく) 득템, 싸게 구입함
- 149 賞味期限(しょうみきげん) 유통기한
- 150 万引き(まんび) 들치기, 절도

DAY 30

ぼったくり

바가지

요즘은 손품, 발품을 팔아 그 상품에 대한 지식으로 무장하지 않으면 호갱님이 되기 쉬워요. '바가지를 씌우다'는 ぼったくる, '바가지를 쓰다'는 ぼったくられる라고 하는데요. 일본은 거의 다 정찰가라서 바가지 쓰는 일은 별로 없지만, 낯선 여행지에서 어수룩하게 보이면 십중팔구 ぼったくり^{바가지를} 쓰게 된답니다. 가죽이라 해서 비싼 가격에 샀는데 인조가죽인 걸 알게 되었을 때 그 허무함이란……. 누굴 탓할 수도 없지요. 속은 사람만 바보일 뿐! 귀가 솔깃한 제안에는 한 번쯤 주의를 기울이는 편이 좋을 것 같아요.

실전 대화

W ねー、見て見て！私も買っちゃった！
M お前も買ったんだ。そのクオリティで1万円って安いよな。
W え？2万円じゃないの？
M 高いだろ。ぼったくりだよ、それ。

W 있잖아, 봐 봐! 나도 샀어!
M 너도 샀구나. 그 퀄리티에 1만 엔이라니 싸지.
W 어? 2만 엔이 아니고?
M 비싸잖아. 그건 바가지지.

표현 활용

+ タクシー乗ったらちゃんとメーター見ないとぼったくられるよ。
+ 観光客はぼったくりのいいカモでしょ。

· 택시를 타서 미터기를 제대로 안 보면 바가지 써여.
· 관광객은 바가지 씌우기 좋은 봉이야.

> ちゃんと 제대로, 확실하게
> カモ 호구, 봉, 이용하기 좋은 사람

DAY 30

激安
げきやす

초저가

激라는 한자는 '격하다', 심하다'라는 뜻입니다. 그래서 激가 붙은 단어는 모두 '격하게', '심하게'라는 뉘앙스를 품고 있어요. 激うま는 '엄청 맛있음', 激辛는 '엄청 매움', 激安는 '초저가'라는 뜻입니다. 길을 가다 보면 가끔 땡처리 매장에서 '사장님이 미쳤어요'라는 광고 문구를 볼 수 있는데요. 이런 매장에서는 정말 70~80%씩 세일을 하기도 하더라고요. 이런 제품들을 바로 激安하다고 말할 수 있겠네요.

실전 대화

W ねえ、明日アウトレット行こうよ。
M アウトレット？ どうせそんな安くないだろ。
W 激安だよ！ なんと明日から年末セールするんだよ！
M じゃあ、行ってみるか。

W 있잖아, 내일 아울렛에 가자.
M 아울렛? 어차피 그렇게 싸지도 않잖아.
W 초저가야! 그게, 내일부터 연말 세일을 한단 말이야!
M 그럼 가 볼까?

표현 활용

+ つけま買うんだったらドンキが 一番激安だよね。
+ あそこの市場に行けば洋服いっつも激安で売ってるよ。
+ 夜にスーパー行けばタイムセールで激安だよ。

· 속눈썹 살 거면, 돈키호테가 제일 싸.
· 저쪽에 있는 시장에 가면 옷을 항상 초저가로 팔고 있어.
· 밤에 슈퍼에 가면 타임 세일을 해서 엄청 싸.

> つけま 붙이는 속눈썹, 인조 속눈썹
> ドンキ(=ドンキホーテ) 돈키호테(일본의 유명 잡화 체인점)

お買い得

득템, 싸게 구입함

사람으로 미어터지는 대형 할인마트나 아울렛을 굳이 찾는 이유는 비싼 물건을 싸게 살 수 있기 때문이지요. 운이 좋으면 타임 세일로 저렴하게 살 수도 있고, 하나 사면 하나를 더 주는 1+1 상품을 득템할 수도 있지요. 고추장을 샀는데 된장을 사은품으로 끼워 주면 물건을 잘 산 것 같아 기분이 으쓱해지기까지 한답니다. 이럴 때 사용하는 일본어가 바로 お買い得예요. 말 그대로 '사면 이득이 된다'는 뜻인데, 싸게 물건을 잘 구입했을 때 쓰는 표현입니다.

실전 대화

M 新しいバッグ買ったの？
W うん。この前の海外旅行で買ったの。
M あ、免税店行ったんだ。じゃあ、安かったでしょ。
W お買い得だったよ。やっぱ税金かからないのは大きいね。

M 가방 새로 샀어?
W 응. 얼마 전에 해외여행 가서 샀어.
M 아, 면세점에 갔구나. 그럼 싸게 샀겠네.
W 득템했지. 역시 세금이 없는 게 차이가 커.

표현 활용

+ 免税店で買うよりお買い得だったの。
+ お買い得だからイロチで買っちゃった！
+ お買い得だし買っちゃいなよ。

· 면세점에서 사는 것보다 싸게 샀어.
· 가격이 싸서 여러 색을 사 버렸어!
· 완전 싸니까 사 버려.

免税店 면세점

DAY 30

賞味期限
しょうみきげん

유통기한

엄마는 냉장고 안에 보관했으니까 하루이틀 정도는 괜찮다며 자꾸 유통기한이 지난 우유나 요구르트를 마시라 하지만, 날짜 지난 녀석들은 과감히 세수할 때 피부에 양보해요. 일본어로 유통기한은 賞味期限이라고 합니다. 보통 샴푸나 세제 같은 생활용품의 유통기한은 3년인 경우가 많아요. 그러고 보니 사랑의 유통기한도 3년이라는 말을 많이 하지요. 요즘은 더 짧아져 18개월이니 3개월이니 하기도 하고요. 문득 '만약 사랑에도 유통기한이 있다면 나의 사랑은 만 년으로 하고 싶다'라는 영화 중경삼림의 대사가 떠오르네요. 金城武금성무같이 생긴 남자가 이런 말을 해 준다면 반할 수밖에 없을 것 같아요.

실전 대화

W ねえ、冷蔵庫からケチャップとって。開けて右下にあるから。
M 了解。え？これケチャップ？色がすごいことになってるよ。
W 大丈夫でしょ、それくらい。
M いや、だめでしょ。賞味期限過ぎたら捨てなよ。

W 있잖아, 냉장고에서 케첩 좀 꺼내 줘. 열면 오른쪽 아래에 있으니까.
M 알았어. 엥? 이거 케첩 맞아? 색깔이 장난 아닌데.
W 괜찮겠지, 그 정도는.
M 아니, 안 돼. 유통기한이 지났으면 버려.

표현 활용

+ 賞味期限近いやつは夕方から半額になるよ。
+ この雑誌によると女の賞味期限は30歳なんだと。

· 유통기한이 다 되어 가는 건 저녁부터 반값이 돼.
· 이 잡지에 따르면 여자의 유통기한은 30살이래.

了解 이해, 깨달아 알아냄
半額 반값

DAY 30

万引き
들치기, 절도

큰 가방을 메고 어쩐지 挙動不審거동이 수상함, 자꾸만 주위를 두리번거리며 상품을 보고 있음. 이런 사람이 가게에 있다면 예의주시할 필요가 있어요. 万引き를 할 수도 있으니까요. 万引き는 물건을 사거나 구경하는 척하다가 슬쩍 훔치는 절도 행위를 말합니다. コンビニ편의점, 本屋서점, スーパー슈퍼, デパート백화점 등등 어디에서건 피해가 만만치 않다고 하네요. 간혹 PMS월경전증후군을 앓는 여성들 중에 충동적으로 万引き를 하는 사람도 있다고 합니다.

🐵 실전 대화

W お客様、そちらの商品、まだお会計されてませんよね。
M え、いや、その……。
W 万引きは立派な犯罪ですよ。ちょっとこちらに来てください。
M すみません。

W 손님, 그쪽 상품은 아직 계산이 안 되어 있네요.
M 어, 아니, 그게…….
W 절도는 대단한 범죄예요. 잠시 이쪽으로 와 주세요.
M 죄송합니다.

🐵 표현 활용

+ この前スーパーで集団万引きがあったんだってさ。
+ あいつ、ツイッターに万引き自慢して捕まったらしいよ。
+ お前、あそこのスーパーで万引きしてこいよ。

· 얼마 전에 슈퍼에서 집단절도가 있었대.
· 쟤, 트위터로 훔친 걸 자랑해서 잡혔다는 것 같아.
· 너, 저기 있는 슈퍼에서 물건 훔쳐 와.

会計 계산
立派 훌륭함, 더할 나위 없음
ツイッター 트위터(Twitter)

DAY 31

- 151 お小遣(こづか)い 용돈
- 152 お年玉(としだま) 세뱃돈, 새해 선물
- 153 仕送(しおく)り 생활비나 학비를 보내줌
- 154 前借(まえが)り 가불
- 155 散財(さんざい)する (돈을) 낭비하다

お小遣い

용돈

어릴 적 첫 お小遣い용돈을 받았을 때가 기억나네요. 액수가 많고 적음은 그리 중요하지 않았어요. 내 맘대로 쓸 수 있는 돈이 생겼다는 기쁨과 왠지 어른이 된 것 같은 뿌듯함으로 가슴이 벅찼지요. 기껏해야 친구들과 하굣길에 떡볶이나 불량식품을 사 먹는 게 전부였지만, 용돈을 조금 더 받기 위해 엄마의 심부름도 마다하지 않고, 아빠에게 애교도 엄청 부렸던 그 시절이 그립네요. 나이가 들면 경제권을 가진 배우자에게 용돈을 받을 텐데요. 야금야금 모아 へそくり비자금을 만드는 재미 또한 쏠쏠할 것 같아요.

실전 대화

M おふくろ、友達と買い物行くから金貸して。
W 何言ってんの。自分のお金があるでしょ。
M 小遣いなんて全部使っちゃったよ。
W ったく、しょうがないわね。いくら？

M 엄마, 친구랑 쇼핑 가야 하니까 돈 좀 빌려줘.
W 무슨 소리 하는 거야. 네 돈이 있잖아.
M 용돈을 전부 써 버렸단 말이야.
W 정말 어쩔 수 없구나. 얼마나?

표현 활용

+ うちは奥さんがお金管理してるからさ、俺お小遣い制なんだよね。
+ 言うこと聞かないならお小遣い減額するからね。

· 우리 집은 부인이 돈을 관리해서 말이야. 나는 용돈제야.
· 말 안 들으면 용돈 줄일 거야.

減額 감액

DAY 31

お年玉
세뱃돈, 새해 선물

'나도 어른이구나'라고 절실히 느낄 때가 있는데요. 바로 설날에 조카들에게 세뱃돈을 줄 때예요. 어릴 적 설날이 기다려졌던 이유는 친척 어른들께 세배를 하고 세뱃돈을 받을 수 있었기 때문이지요. 세뱃돈이 얼마나 모였나 세어 보곤 친구들에게 자랑하며 좋아하던 때가 엊그제 같아요. 그런데 이제는 제가 주는 입장이 되었으니 세월 참 빠르네요. 일본은 음력이 없기 때문에 양력 1월 1일이 바로 お正月설날입니다. 일본에서는 그림이 그려진 예쁜 お年玉袋세뱃돈 봉투에 세뱃돈을 넣어서 주는 풍습이 있어요.

실전 대화

W あけましておめでとう。
M あけおめ！今年はいくらもらった？
W あー お年玉？ 今年はほんっと少なかったよ。
M マジ？ うちは諭吉のオン・パレードだったよ。

W 새해 복 많이 받아.
M 새해 복 많이 받아! 올해는 얼마 받았어?
W 아, 세뱃돈? 올해는 완전 조금이야.
M 진짜? 나는 유키치 씨가 퍼레이드했어(1만 엔짜리가 엄청 들어왔어).

표현 활용

+ 子供の頃のお年玉なんて親が全部使ってたよ。
+ 俺ももうお年玉あげる歳になったんだな。

· 어릴 때 받은 세뱃돈은 부모님이 다 썼어.
· 나도 벌써 세뱃돈을 줄 나이가 됐구나.

諭吉 후쿠자와 유키치(1만 엔권 지폐에 인쇄되어 있는 인물)

仕送り
생활비나 학비를 보내줌

타지에서 혼자 공부하는 학생들은 아직 경제력이 없으니까 부모님이 학비나 생활비를 보내주시는 경우가 많지요. 이렇게 돈을 보내주는 것을 仕送り라고 합니다. 제가 대학생일 때만 하더라도 이렇게 보내주는 생활비를 '향토 장학금'이라고 불렀어요. 이제는 거의 쓰지 않는 말이 되었지만 90년대에 학교를 다닌 분들에게는 추억이 샘솟는 단어일 거예요. 저 역시 지방 출신이라 한 달에 한 번 생활비가 입금되는 날이면 평소 즐겨 먹던 노가리에서 소시지 야채볶음으로 술안주 메뉴가 격상되었던 기억이 나네요.

실전 대화

W 2階の田中さんって何の仕事してんの?
M あ、なんか役者志望らしいよ。
W へー。バイトとかもしてる気配ないけど、どうやって暮らしてるんだろ。
M 親から仕送りしてもらってるんでしょ。

W 2층에 사는 다나카 씨는 어떤 일을 하고 있는 거야?
M 아, 뭔가 연기자 지망생이라는 것 같아.
W 흠음, 아르바이트를 하는 기색도 없던데, 어떻게 생활하는 거지?
M 부모님한테 생활비를 받겠지.

표현 활용

+ いまだに仕送り生活から抜け出せないよ。
+ へえ、その歳で親に仕送りしてるんだ。すごいね。

· 아직까지 생활비를 받아 쓰는 생활에서 벗어날 수가 없어.
· 와아, 그 나이에 부모님께 생활비를 드리고 있구나. 대단하네.

役者 연기자
暮らす 살다, 지내다
いまだ 아직

DAY 31

前借(まえが)り

가불

과음 후 숙취로 고생하는 위를 달래기 위해 얼큰한 국물로 유명한 짬뽕 전문점을 가는데요. 거긴 주문을 받자마자 돈부터 지불해야 해요. 식당에서 밥 먹기 전에 돈을 내는 경우가 많지 않으니 처음엔 '먹튀할 것도 아닌데'라는 생각에 살짝 빈정이 상했어요. 하지만 가게마다 영업 방침이라는 게 있는 거니까요. 일본어로 선불은 前払(まえばら)い, 후불은 後払(あとばら)い라고 합니다. 간혹 장사를 하는 분 중에 '외상'으로 하겠다는 말을 '가리로 하자'라고 표현하는 분들도 있는데요. 借(か)り는 일본어로, '빌림', '빚'이라는 뜻입니다. 그러니까 前借(まえが)り는 먼저 빌리는 것, 즉 '가불'이라는 뜻이 되겠지요.

실전 대화

W あー、今月(こんげつ)やばいかも。今日(きょう)おごってくんない?
M まさかもう今月(こんげつ)の給料(きゅうりょう)全部(ぜんぶ)使(つか)っちゃったの?
W クレカの請求(せいきゅう)で一気(いっき)になくなっちゃったんだよね。
M 給料前借(きゅうりょうまえが)りしたら? 俺(おれ)、おごるのやだよ。

W 아, 이번 달 위험해. 오늘 밥 사 주면 안 돼?
M 설마 벌써 이번 달 월급을 전부 써 버린 거야?
W 신용카드 청구액 때문에 단숨에 없어져 버렸어.
M 월급을 가불하는 게 어때? 내가 쏘는 건 싫어.

표현 활용

+ お水(みず)の世界(せかい)では前借(まえが)りのことバンスって言(い)うんだってさ。
+ マックだったらバイトでも前借(まえが)りできるんだって知(し)ってた?

· 술장사 업계에서는 가불하는 걸 '반스'라고 말한대.
· 맥도날드에서는 아르바이트생이라도 가불할 수 있다는 거 알고 있었어?

おごる 한턱내다
お水(みず) 술장사

DAY 31

散財<ruby>さんざい</ruby>する

(돈을) 낭비하다

일주일이 설레고 희망이 솟는다면 가끔 복권을 사는 것도 나쁘지 않을 것 같아요. 그런데 복권 당첨이라는 헛된 꿈에 쓸데없이 돈을 쓴다고 무척 싫어하는 사람들도 있지요. 자동차를 좋아하는 남자들 중에는 자동차 튜닝에 많은 돈을 쏟아붓는 사람들이 있어요. 본인은 차를 멋있게 만드는 일에 쓰는 돈이니 하나도 아깝지 않겠지만, 가족들은 쓸데없는 곳에 돈을 낭비한다고 안타까워하지요. 쓸데없이 돈을 낭비하는 것을 일본어로 散財する라고 하는데요, 이처럼 누군가에게는 꼭 필요해서 쓰는 돈이 다른 사람 눈에는 낭비하는 것처럼 보이는 경우도 적잖이 있는 것 같아요.

실전 대화

M メシ食いに行こうぜ。
W いや、私お弁当持ってきたからいいや。
M 珍しいね。貯金でも始めた?
W ううん。海外旅行で散財しちゃってさ、今月お金ないの。

M 밥 먹으러 가자.
W 아니, 난 도시락 가져왔으니까 됐어.
M 별일이네, 저금이라도 시작했어?
W 아니, 해외여행 갔다가 쓸데없는 데 돈을 써 버렸거든. 이번 달은 돈 없어.

표현 활용

+ セールだからってまた散財してしまった。
+ いい加減散財はやめて貯金しろよ。

· 세일이라고 해서 또 쓸데없는 데에 돈을 써 버렸어.
· 이제 슬슬 쓸데없는 데에 돈 낭비하지 말고 저금해.

DAY 32

- 156 贅沢 사치, 분에 넘침
- 157 宝くじ 복권, 로또
- 158 大当たり 대성공, 대박
- 159 ブレイクする 대박치다, 갑자기 뜨다
- 160 四捨五入 반올림

DAY 32

贅沢
ぜいたく

사치, 분에 넘침

12평 오피스텔에 살지만 TV만은 50인치 LED로 보고 싶다. 믹스커피에 길들여진 입맛이지만 가끔은 전문 바리스타가 내려주는 더치커피를 마시고 싶다. 머리카락은 늘 질끈 묶고 다니지만 힐링이 필요한 날엔 강남의 고급 미용실에서 이미지 변신을 시도해 보고 싶다. 늘 여유 없이 빠듯한 주머니 사정이라 자주 떠날 순 없어도 몇 년에 한 번쯤은 비행기에 몸을 싣고 해외 휴양지로 날아가고 싶다. 남들의 눈에는 贅沢(사치)처럼 보일지라도 열심히 생활한 여러분이라면 자기에게 그 정도 선물쯤은 해 줘도 될 것 같다는 생각이 드네요.

실전 대화

W スーパー行くけど、なんか欲しいのある？
M じゃあ、キリン！だめならアサヒ！
W 何贅沢言ってんの。給料日前でしょうが。
M 頼む！美しい奥様、発泡酒でもいいのでお願いできませんでしょうか？

W 슈퍼 갈 건데 뭐 필요한 거 있어?
M 그럼, 기린! 아니면 아사히!
W 뭔 사치스런 소리야. 월급 전날인데.
M 부탁해요! 아름다운 아내님, 발포주라도 좋으니 부탁드리면 안 될까요?

표현 활용

+ 平社員ごときがファーストクラスだなんてそんな贅沢すぎるよ。
+ 今日はボーナスも入ったことだし贅沢にラーメンにタマゴつけちゃう？餃子もつけちゃう？

· 평사원 나부랭이가 퍼스트 클래스라니 그건 너무 사치야.
· 오늘은 보너스도 들어왔고, 사치 좀 부려서 라면에 달걀을 넣어 버릴까? 만두도 넣어 버릴까?

発泡酒 발포주(일본의 저렴한 맥주)
平社員 평사원

DAY 32

宝くじ

복권, 로또

똥통에 빠진 돼지들이 놀고 있는 돼지우리 위를 용이 여의주를 물고 지나가다 떨어뜨려서 활활 불타오르는 꿈을 꾸었다면, 제일 먼저 뇌리를 스치고 지나가는 것이 바로 宝くじ복권일 텐데요. 일본에서도 복권이나 ロト로또의 인기가 높아요. 그중 일확천금을 노리는 사람들에게 인기 있는 복권이 바로 ジャンボ宝くじ점보복권입니다. 예전에 우리나라에도 있었던 주택복권과 비슷한 형태인데, 보통 한 장에 300엔 정도로 비싼 편입니다. 평소 복권에 회의적인 사람들도 연말이 되면 어마어마한 당첨금이 걸린 年末ジャンボ宝くじ연말 점보복권을 혹시나 하는 마음에 사곤 한답니다. 결과는 늘 '역시나'가 되기 십상이지만요.

실전 대화

W 何、そんなニヤニヤした顔して。
M 年末ジャンボ一口買ったんだよ。前後賞合わせて３億円！
W 宝くじなんて当たんないよ。お金の無駄無駄。
M バーカ。俺は夢を買ってんだよ。

W 뭘 그렇게 히죽히죽 웃고 있어.
M 연말 점보복권을 한 장 샀거든. 전후번호상까지 다 합쳐서 3억 엔!
W 복권 같은 거 당첨될 리가 없잖아. 돈 버리는 거야.
M 바보야. 나는 꿈을 산 거야.

표현 활용

+ 宝くじが当たったらどうする？
+ 宝くじに当選すると、『その日から読む本』ってのがもらえるんだって。

· 복권에 당첨되면 어떻게 할 거야?
· 복권에 당첨되면 '그날부터 읽을 책'이라는 걸 받는다는 것 같아.

ニヤニヤ 히죽히죽
無駄 헛됨, 쓸데없음

大当たり
대성공, 대박

좋은 꿈을 꾸면 복권이나 로또를 사는 사람도 있겠지만, 일본에는 パチンコ파친코로 달려가는 사람도 많을 거예요. 슬롯머신의 일종인 파친코는 일본의 국민 오락이라고 불릴 만큼 사람들이 좋아하는 게임이에요. 파친코 기계에 쇠구슬이 들어가면 여러 가지 숫자나 모양이 돌아가는데, 세 칸 모두 같은 숫자나 모양이 나오면 大当たり가 되어 쇠구슬이 우르르 쏟아져 나온답니다. 大当たり는 복권이나 파친코에서 크게 당첨되었을 때도 쓰고, 장사나 흥행이 소위 '대박'이 났을 때도 많이 쓰는 표현이에요.

실전 대화

M おい、恵美子! 好きなもん選べ!
W お菓子? こんなにどうしたの?
M 実はさ、商店街のパチンコで大当たりしたんだよ。
W ちょっと、またパチンコ行ったの? ダメって言ったじゃん。

M 어이, 에미코! 좋아하는 거 골라!
W 과자? 이렇게나 많이 웬일이야?
M 사실은 말이야, 상점가 파친코에서 대박이 났거든.
W 잠깐만, 또 파친코 하러 갔어? 안 된다고 말했잖아.

표현 활용

+ 隣の池田さん、この前始めた事業が大当たりしたんだって。
+ またハズレだよ。このくじ大当たりとかないんじゃないの。

- 이웃집 이케다 씨는 얼마 전에 시작한 사업이 대박 났다던데.
- 또 안 맞았어. 이 복권이 크게 당첨된다는 거, 없는 말 아냐?

> ハズレ 맞지 않음, 빗나감

DAY 32

ブレイクする

대박치다, 갑자기 뜨다

10년 단역배우가 우연히 출연한 드라마를 계기로 하루아침에 인기스타의 반열에 오르거나, 무명 가수가 히트곡 하나로 갑자기 톱스타가 되는 경우가 있지요. 유명하지 않던 배우나 가수가 갑자기 인기를 얻거나 주목받지 못하던 상품들이 크게 히트하는 것을 ブレイクする라고 합니다. 국내에선 꾸준히 인기를 얻고 있었지만 말춤 하나로 전 세계적으로 잘 나가는 가수가 된 경우가 바로 그런 경우라 할 수 있겠지요.

실전 대화

W ダメよ～ ダメダメ！
M あ、それ知ってる！最近良くテレビで見るやつだ！
W あの二人、このギャグで一気にブレイクしたよね。
M テレビで見ない日ないもんね。

W 안돼요～ 안 돼, 안 돼!
M 아, 그거 알아! 최근에 자주 텔레비전에서 봤던 거야!
W 그 둘이 이 개그로 단번에 대박 났지.
M 텔레비전에서 안 보이는 날이 없네.

표현 활용

+ この歌手チェックだよ、絶対今年ブレイクするから！
+ あー あの人、昔テレビでブレイクしてた人だよ。
+ 今年ブレイクしなかったら、バンドは解散しようぜ。

· 이 가수는 잘 체크해야 돼. 올해 꼭 대박 날 거니까!
· 아, 저사람은 옛날에 텔레비전에서 유명했던 사람이야.
· 올해 뜨지 못하면 밴드는 해체하는 거야.

一気 단번에, 단숨에
解散 해산, 해체

四捨五入(ししゃごにゅう)

반올림

파이 값을 기억하시나요? 끈끈한 情정을 느끼게 해 주는 초코파이, 씹을 때마다 고소함이 입안 가득 퍼지는 호두파이 얘기가 아니라 초등학교 수학시간에 배운 원주율 π값 말이에요. 3.141592…… 소수점 아래가 무한으로 이어지니까 편의상 보통 반올림해서 소수점 둘째자리까지만 쓰지요. 괜히 수학 이야기를 꺼내 골치 아프게해서 죄송합니다. 이렇게 구하는 자리보다 한 자리 아래의 숫자가 5보다 작을 때에는 버리고, 5와 같거나 5보다 클 때에는 올리는 방법을 반올림이라고 하지요. 다른 말로는 사사오입, 일본어로는 四捨五入(ししゃごにゅう)라고 합니다.

실전 대화

W 先輩(せんぱい)、この見積書(みつもりしょ)のことなんですけど。
M あー それ全部(ぜんぶ)エクセルに直(なお)してくれる？
W わかりました。ところで小数点以下(しょうすうてんいか)はどうします？
M あ、四捨五入(ししゃごにゅう)して。ROUND押(お)せばすぐできるよ。

W 선배님, 이 견적서 말인데요.
M 아, 그거 전부 엑셀 파일로 고쳐 줄래?
W 알겠습니다. 그런데 소수점 이하는 어떻게 할까요?
M 아, 반올림해 줘. ROUND를 누르면 바로 할 수 있어.

표현 활용

+ 今回(こんかい)のテスト、四捨五入(ししゃごにゅう)しても平均点(へいきんてん)行(い)かない……。
+ 小(ちい)さくないもん。158cmだけど、四捨五入(ししゃごにゅう)したら160cmだもん。

· 이번 시험, 반올림해도 평균점에 못 미쳐.
· 내 키는 작지 않아. 158cm이지만 반올림하면 160cm인걸.

見積書(みつもりしょ) 견적서
小数点(しょうすうてん) 소수점

DAY
33

161 連ドラ TV 연속극
162 動画 동영상
163 どっきり 몰래카메라
164 通販 통신판매, 홈쇼핑
165 張り紙 벽보

DAY 33

連ドラ

TV 연속극

갑자기 출생의 비밀이 밝혀지고, 기억상실증에 걸리고, 불륜과 복수가 난무하는 막장 드라마. 정말 말도 안 되는 스토리 전개인데도 빠져드는 것이 한국 드라마만이 가진 묘미이지요. 일본 드라마의 묘미는 바로 소재의 다양성이라고 할 수 있어요. 스포츠, 요리, 학원물, 직장물 뿐만 아니라 동성애, 아동 살인과 같은 한국에서는 볼 수 없는 무겁고 충격적인 소재들도 많이 있답니다. 만화가 원작인 드라마들이 많아서 과장된 연기나 연출을 볼 수 있는 것도 특징이라고 할 수 있지요. 그리고 인기가 있으면 몇 십 회씩 고무줄처럼 늘어나는 우리나라에 비해 일본의 連ドラ연속극은 한 분기에 보통 9화에서 11화 정도 방영되어 스토리 전개가 빠르다는 점 또한 특징이에요.

실전 대화

M 明日の夜勤代わってもらえないかな。
W ごめん、明日はどうしても見たいドラマがあるから無理だわ。
M もしかしてお前も月9の連ドラ見てんの?
W そうだよ。久々に面白いのきたよね。

M 내일 야근 좀 바꿔줄 수 없을까?
W 미안. 내일은 꼭 보고 싶은 드라마가 있어서 무리야.
M 너도 혹시 월요일 9시 연속극 보는 거야?
W 맞아. 오랜만에 재밌는 게 나왔거든.

표현 활용

+ NHKの連ドラのヒロインってスターの登竜門だよね。
+ 連ドラの再放送ならネットでも見られるでしょ。

· NHK 연속극 여주인공은 스타가 되는 등용문이야.
· 드라마 재방송은 인터넷으로도 볼 수 있잖아.

どうしても 어떻게든, 꼭
もしかして 혹시
再放送 재방송

DAY 33

動画
どうが

동영상

요즘은 スマホ_{스마트폰}의 동영상 기능 때문에 학교 선생님들이 함부로 학생들을 체벌하지 못하는 세상이 되었지요. 욱하는 마음에 지하철에서 소란을 피우기라도 하면 신상이 털려 다음 날 아침 검색어 1위의 영광을 차지할지도 몰라요. 일본어로 동영상은 글자 그대로 움직이는 화면, 動画라고 합니다. 요즘은 유튜브 같은 동영상 전문 사이트를 통해 전 세계인이 같은 동영상을 보며, 동시에 웃고 울고 감동하지요. 아참, 동영상 하면 야동이 제일 먼저 떠오르는 분들이 계실 텐데요. 야동은 エロ動画라고 합니다.

실전 대화

W 昨日のサッカーすごかったねえ。
M まさかオウンゴールするとは思わなかったよなあ。
W 実はね、私トイレ行っててその瞬間見てないんだよね。
M あ、それならネットに動画アップされてるよ。

W 어제 축구는 대박이었지.
M 설마 자살골을 넣을 줄 생각 못했어.
W 사실은 말이야, 나 화장실 가서 그 순간은 못 봤어.
M 아, 그 장면은 인터넷에 동영상이 올라와 있어.

표현 활용

+ ユーチューブに動画アップしてみたら?
+ 仕事中暇でしょうがないから、ネットで動画ばっかり見てたよ。

· 유튜브에 동영상을 올려 보는 게 어때?
· 일하다가 너무 한가해서 인터넷으로 동영상만 계속 봤어.

オウンゴール 자살골
アップ 업로드
ユーチューブ 유튜브(Youtube)

どっきり

몰래카메라

예능 프로그램의 단골메뉴는 뭐니뭐니해도 どっきり몰래카메라이지요. 여러 사람이 작당하면 한 사람쯤 속이거나 바보 만드는 일은 식은 죽 먹기예요. 일본은 지금도 방송에서 どっきり를 많이 합니다. 그런데 스케일이 달라요. 막대한 제작비를 쏟아붓고 음모, 미행, 가택침입, 유혹과 같은 화려한 수법들이 총동원되지요. 정말 저렇게까지 해도 괜찮나 싶을 정도의 どっきり도 참 많아요. 선정성, 프라이버시 침해, 인격모독 등 다양한 문제가 지적되지만 어떡해요, 한 번 보기 시작하면 채널고정인걸요. 역시 예능은 조금은 자극적인 게 재미있잖아요.

실전 대화

- M 昨日の特番観た？
- W みたみた〜。みんな結構ひっかかってたよね。
- M 最近のどっきりって、えげつないの多くない？
- W それ、私も思った。絶対だまされたくないよね。

- M 어제 한 특별방송 봤어?
- W 봤어, 봤어. 모두 꽤 속아들었지.
- M 요새 하는 몰래카메라는 야비한 게 많지 않아?
- W 나도 그렇게 생각해. 절대 속고 싶지 않아.

표현 활용

+ テレビでやってるどっきりなんてどうせヤラセでしょ。
+ 修学旅行の時、寝起きドッキリ仕掛けようぜ。

- 텔레비전에서 하는 몰래카메라는 어차피 대본이잖아.
- 수학여행 때, 기상 몰카 계획하자.

ひっかかる 속다, 걸려들다
えげつない 야비하다
ヤラセ 서로 짜고 하는 일
仕掛ける 도전하다, 장치하다, 준비하다

DAY 33

通販(つうはん)

통신판매, 홈쇼핑

딱히 볼 만한 프로그램이 없어 리모컨을 이리저리 돌리다가 별 생각 없이 홈쇼핑 채널을 틀어놓는 경우가 있는데요, 문제는 거기부터예요. 별로 필요하지도 않은 물건인데 방송을 계속 보다 보면, 사지 않으면 무슨 큰일이라도 날 것 같다는 생각에 사로잡혀 구매를 하게 돼요. 웹서핑을 하다가도 싸게 판다는 물건을 보면 지름신이 강림해 충동구매를 하게 되지요. 이렇게 산 물건은 택배가 와서 상자를 뜯어보는 순간 '이걸 왜 샀을까' 하는 후회가 밀려들어요. 일본에서는 이렇게 점포 없이 미디어를 통해 상품을 파는 것을 通販(つうはん)이라고 합니다. ネット通販(つうはん) 인터넷쇼핑과 テレショップ TV 홈쇼핑가 대표적이라 할 수 있어요.

실전 대화

W ちょっとなんなの! この段(だん)ボールの山(やま)。
M あ、開(あ)けないで。返品(へんぴん)するかもしれないし。
W また通販(つうはん)でなんか買(か)ったんでしょ?
M 俺(おれ)の金(かね)で買(か)ったんだから関係(かんけい)ないだろ。

W 잠깐만, 이거 뭐야! 이 산처럼 많은 종이박스 말이야.
M 아, 뜯지 마. 반품할지도 몰라.
W 또 홈쇼핑으로 뭔가 샀지?
M 내 돈으로 산 거니까 상관없잖아.

표현 활용

+ うちのお母(かあ)さんまた通販(つうはん)でダイエットサプリ買(か)ってたんだよね。
+ 夜中(よなか)になると通販番組(つうはんばんぐみ)ずっとつけっぱなしにしちゃうよね。

· 우리 엄마는 또 홈쇼핑에서 다이어트 보조제를 샀어.
· 밤이 되면 홈쇼핑 방송을 쭉 켜 둔 채 있게 돼.

夜中(よなか) 한밤중
~っぱなし ~한 채

張り紙
はりがみ

벽보

今眠る者は夢をみる 지금 자는 사람은 꿈을 꾼다,
今勉強する者は夢を叶える 지금 공부하는 사람은 꿈을 이룬다

하버드 대학 도서관에 붙어 있는 벽보로, 한때 슬럼프에 빠진 학생들에게 신선한 자극을 줬던 문구예요. 저도 이 글을 보고 며칠은 열공했던 기억이 나네요. 결국 三日坊主작심삼일로 끝나 버렸지만요. 이렇게 벽에 붙여 놓는 벽보를 張り紙라고 합니다. 길 가다 흔히 볼 수 있는 광고지나 가게 입구에 붙은 아르바이트 모집 공고 등이 다 張り紙라 할 수 있지요.

실전 대화

M あの、バイトの募集まだしてますか。
W すいません、もう終わっちゃったんですよ。
M え、でもそこの壁に張り紙が……。
W あ〜ごめんなさい、剥がすの忘れてました。

M 저기, 아르바이트 모집은 아직 하고 있나요?
W 죄송합니다. 이미 끝났어요.
M 엇, 그래도 저기 벽에 구인광고가…….
W 아, 미안합니다. 떼는 걸 잊고 있었어요.

표현 활용

+ 犬なんて張り紙貼っときゃ誰かが見つけてくれんだろ。
+ 臨時休業の張り紙貼ってあったよ。

· 개는 벽보를 붙여 놓으면 누군가 찾아 주잖아.
· 임시휴업을 알리는 종이가 붙어 있었어.

剥がす 떼다, 벗기다
貼る(=張る) 붙이다
臨時 임시

DAY 34

166 幸い 다행
167 ちっぽけ 사소함, 보잘것없음
168 穏やか 온화함, 평온함
169 お手頃 적당함, 알맞음
170 台無し 엉망이 됨

DAY 34

幸<ruby>さいわ</ruby>い

다행

뒤로 넘어져도 코가 깨지는 엄청 재수 없고 불행한 경우가 있는가 하면, 不幸中の幸い불행 중 다행인 경우도 있지요. 해외여행을 가서 지갑을 소매치기 당했는데 다행히 여권은 무사했다거나, 휴대전화를 변기에 빠뜨렸지만 다행히 데이터 손실은 없었다거나 말이에요. 이럴 때 쓸 수 표현이 바로 幸い입니다. 幸い는 '행복', '다행'이라는 뜻인데, 幸いにも나 幸いして의 형태로 '다행히', '운 좋게' 같은 형태로도 많이 사용됩니다.

실전 대화

W 初の海外旅行どうだった？
M 楽しかったよ。現地の人も優しくてさ、一緒に食事もしてきたよ。
W あれ？でも英語一言も喋れなかったよね？どうしたの？
M 幸いにも日本語ができる人がいてさ、彼のおかげでいい旅行になったよ。

W 첫 해외여행은 어땠어?
M 즐거웠어. 현지 사람들도 친절하고, 함께 식사도 하고 왔어.
W 어라? 그런데 영어 한마디도 못하지 않았어? 어떻게 했어?
M 다행히도 일본어를 할 수 있는 사람이 있어서, 그 남자 덕분에 좋은 여행이 되었지.

표현 활용

+ あの事故で骨折だけですんだなんて、不幸中の幸いだったね。
+ 幸いにも死傷者はいなかったようです。
+ 財布なくしたけど幸いにも誰かが交番に届けてくれたんだ。

· 그런 사고를 당하고도 골절 정도로 끝나다니, 불행 중 다행이네.
· 다행히도 사상자는 없다는 것 같아요.
· 지갑을 잃어버렸는데 다행히도 누가 경찰에 맡겨 줬어.

骨折 골절
死傷者 사상자

DAY 34

ちっぽけ

사소함, 보잘것없음

보통 작다는 小さい, 크다는 大きい입니다. 회화체에서는 ちっちゃい조그맣다, でかい커다랗다 같은 단어도 즐겨 쓰지요. 어투 때문인지는 모르겠지만 왠지 조금 더 강조하는 느낌도 들어요. '우와, 가슴 小さい작아'라는 말을 들을 때보다 '우와 가슴 ちっちゃい쪼그매'라고 할 때, '넌 얼굴이 大きい커'라는 말을 들을 때보다 '넌 얼굴이 でかい커대'라는 말을 들을 때가 더 기분 나쁜 걸 보면 아마도 그런 것 같아요. ちっぽけ는 작고 하찮음을 뜻하는데요. ちっぽけな望み소소한 바람, ちっぽけな店작고 보잘것없는 가게와 같이 사용하면 됩니다.

실전 대화

M 転職したはいいものの、久々に落ち込んだよ。
W どしたの？パソコンには自信あるって言ってたじゃん。
M 俺の知識なんてちっぽけなもんだったよ。全然仕事についていけなかった。
W これから頑張っていけばいいじゃん。

M 이직한 건 좋은데, 간만에 우울해졌어.
W 왜 그래? 컴퓨터에는 자신 있다고 말했잖아.
M 내 지식은 보잘것없었어. 전혀 일을 따라갈 수가 없더라고.
W 지금부터 열심히 하면 되잖아.

표현 활용

+ そんなちっぽけなことでいつまでも悩むなよ。
+ ちっぽけな幸せでもいいから見つけたいな。

· 그런 사소한 일로 계속 고민하지 마.
· 소소한 행복이라도 좋으니까 찾고 싶다.

落ち込む 침울해지다
悩む 고민하다

DAY 34

穏やか
おだ

온화함, 평온함

몸이 지쳤을 때는 찜질방에 가서 땀을 한 바가지 빼고 낮잠을 한숨 늘어지게 자고 나면 좀 개운해져요. 그리고 마음이 지쳤을 때는 穏(おだ)やかな^{잔잔한} 파도소리나 계곡의 물소리, 빗소리와 같은 자연의 소리가 녹음된 음반을 듣지요. 확실히 癒(いや)し系(けい)^{치유계} 음악을 들으면 마음이 穏(おだ)やかに^{평온하게} 가라앉아, 자연스레 힐링グ^{힐링}가 되는 것 같아요. 穏(おだ)やかだ는 보통 성격이나 말투가 '온화하다'는 뜻으로도 쓰이고요, '평온하다'는 의미로도 쓰이는 단어입니다.

🐵 실전 대화

M おはよう、今(いまなん)何時(じ)？
W 11時(じ)だよ。ぐっすり眠(ねむ)れた？
M うん、こんな穏(おだ)やかな朝(あさ)、久(ひさ)しぶりだな。
W ここ最近(さいきん)仕事(しごと)ばっかりだったもんね。

M 좋은 아침. 지금 몇 시지?
W 11시야. 푹 잤어?
M 응, 이렇게 평온한 아침은 오랜만이네.
W 최근에 일만 계속 했었잖아.

🐵 표현 활용

+ 付(つ)き合(あ)うんだったらもう少(すこ)し穏(おだ)やかな性格(せいかく)の子(こ)がいいな。
+ 喧嘩(けんか)しないでさ、人生(じんせい)は穏(おだ)やかに行(い)こうよ。
+ この曲(きょく)を聞(き)くと心(こころ)が穏(おだ)やかになるよね。

· 사귀는 거라면 좀 더 온화한 성격인 애가 좋아.
· 싸우지 말고, 인생은 평온하게 살아가자.
· 이 노래를 들으면 마음이 평온해지지.

ぐっすり 푹, 깊은 잠을 자는 모양
喧嘩(けんか) 싸움

DAY 34

お手頃(てごろ)

적당함, 알맞음

お手頃(てごろ)는 크기 같은 것이 손에 딱 알맞다는 뜻도 있고, 자기 능력이나 조건에 적당하다는 뜻도 있습니다. 주로 가격 같은 것이 부담되지 않고 적당하다는 의미로 쓰는 표현이에요. 100엔 샵이라든가 뭐든지 다 갖추고 있다는 생활 잡화 체인점의 인기 비결도 お手頃(てごろ)な値段(ねだん) 부담 없는 가격인 것 같아요. 하지만 가격 면에서 부담이 없다고 이것저것 마구 고르다 보면, 결국에는 衝動買(しょうどうが)い 충동구매로 인한 과소비로 이어질지도 몰라요.

실전 대화

M お、羽毛布団(うもうぶとん)じゃん。
W 去年(きょねん)より寒(さむ)くなるって言(い)うから買(か)って来(き)ちゃった。
M ダウンは高(たか)かったんじゃない。
W それがね、お手頃価格(てごろかかく)だったの! みんなの分(ぶん)もあるよ!

M 오, 다운이불이잖아.
W 작년보다 추워진다고 해서 사 왔어.
M 다운은 비싸잖아.
W 그게 말이야, 적당한 가격이었어! 다른 사람들 것도 있어!

표현 활용

+ 高校生(こうこうせい)に手頃(てごろ)な化粧品(けしょうひん)はデパートにはないよ。
+ フルコースでその値段(ねだん)なら結構(けっこう)お手頃(てごろ)じゃない?
+ 外車(がいしゃ)でも中古(ちゅうこ)なら結構(けっこう)手頃(てごろ)な価格(かかく)で買(か)えるでしょ。

· 고등학생에게 적당한 화장품 따위 백화점에는 없어.
· 풀코스로 그 가격이라면 꽤 적당하지 않아?
· 외제차라도 중고라면 꽤 적당한 가격에 살 수 있지.

羽毛(うもう) 깃털, 새털
外車(がいしゃ) 외제차

DAY 34

台無(だいな)し

엉망이 됨

TV 드라마건 영화건 본방송이 시작하기도 전에 미리 내용을 알려주는 스포일러로 골머리를 썩고 있는데요. 스포일러를 일본어로는 ネタバレ라고 합니다. 스포일러는 작품을 진지하게 관람하고자 하는 사람들에게 흥미를 앗아 가고 작품 자체를 台無(だいな)し엉망으로 만드는 경우가 많아요. 台無(だいな)し는 망치거나 실패해서 아주 못쓰게 된 상태를 나타내는 말입니다. 커피를 쏟아 새 옷이 망가지거나, 말실수를 해 프레젠테이션을 망치거나, 계획이나 분위기를 잡치는 경우에도 모두 다 쓸 수 있는 표현입니다.

실전 대화

M へえ、人力車(じんりきしゃ)なんてあるんだね。
W すご〜い、ホテルまで乗(の)ってこうよ。
M お金(かね)もったいないよ。歩(ある)けばいいでしょ、歩(ある)けば。
W もう、せっかくの旅行気分(りょこうきぶん)が台無(だいな)しだよ。ここまで来(き)てケチるのやめて。

M 오오, 인력거라는 게 있구나.
W 굉장해, 호텔까지 타고 가자.
M 돈 아까워. 걸으면 되잖아, 걸으면.
W 에이, 모처럼 온 여행인데 기분 잡쳤어. 여기까지 와서 인색하게 구는 건 그만해.

표현 활용

+ 突然(とつぜん)の雨(あめ)でセットもメイクも台無(だいな)しになっちゃったよ。
+ 彼(かれ)はギャンブルで人生(じんせい)を台無(だいな)しにした。

· 갑자기 내린 비 때문에 헤어 세팅도 메이크업도 다 엉망이 되어 버렸어.
· 그는 도박으로 인생을 망쳤다.

人力車(じんりきしゃ) 인력거
ケチる 인색하게 아끼다

DAY 35

171 真っ先 맨 먼저
172 出番 나갈 차례, 순서
173 出直し 처음으로 돌아가 다시 시작함
174 元通り 원래대로
175 ありのまま 있는 그대로

DAY 35

真っ先
ま さき

맨 먼저

'真'라는 한자는 '정말', '진실'이라는 뜻을 가지고 있는데요. 단어 앞에 붙어 접두어로 쓰이는 경우도 많습니다. 일본의 게이샤 하면 떠오르는 이미지가 바로 真っ白な새하얀 얼굴과 真っ赤な새빨간 입술인데요. 真는 색깔을 강조할 때도 쓰이고, 真上바로 위나 真っ正面바로 정면과 같이 '바로'라는 뜻으로 쓰이기도 합니다. 그리고 先는 '먼저'라는 뜻인데요. 真っ先라고 쓰면 '맨 먼저'라는 뜻이 됩니다.

실전 대화

W 早く産まれて来ないかなあ。
M そろそろ出産予定日だよね。
W うん。産まれたら真っ先に駆けつけてよね。
M もちろん、仕事抜け出して一番に駆けつけるよ。

W 얼른 안 태어나나.
M 슬슬 출산 예정일이네.
W 응. 태어나면 맨 먼저 달려와 줘.
M 물론이지, 일하다가 몰래 빠져나와 제일 먼저 달려갈게.

표현 활용

+ あの新入社員、6時になった途端に真っ先に帰ってったよ。
+ 不況になったら、俺なんて真っ先にクビを切られるんだろうな。
+ 船長が客を置いて真っ先に逃げたらしいよ。

・ 저 신입사원은 6시가 되자마자 맨 먼저 집에 갔어.
・ 불황이 되면 나 같은 건 맨 먼저 잘리겠지.
・ 선장이 손님을 두고 맨 먼저 도망갔다는 것 같아.

駆けつける 달려가다
抜け出す 몰래 빠져나가다
~途端に ~되자마자
クビを切る 해고하다
船長 선장

DAY 35

出番(でばん)

나갈 차례, 순서

노래를 좋아하고 잘 부르는 사람이라면 당연히 カラオケ노래방에 가는 걸 좋아하겠지만, 저처럼 音痴(おんち)음치인 사람들은 웬만하면 피하고 싶지요. 보통 노래방에 가면 돌아가며 노래를 부르니까 自分(じぶん)の出番(でばん)자신의 차례가 되면 분위기상 뺄 수가 없어요. 한 곡을 겨우 끝내 놓아도 다른 사람들의 노래를 들으면서 즐길 여유도 없고요. 왜냐면 다음 出番(でばん)차례까지 계속 책자를 보면서 민폐를 안 끼칠 곡을 골라야 하거든요. 出番(でばん)은 자기가 '나갈 차례'나 '순서'라는 뜻인데요, 경우에 따라서는 어떤 문제를 해결하고자 '나설 때'라는 뉘앙스로도 쓰입니다.

실전 대화

W 店長(てんちょう)、例(れい)のお客様(きゃくさま)からまたクレーム入(はい)ってます。
M あの人(ひと)も懲(こ)りないよなあ。違(ちが)う店利用(みせりよう)すればいいのに。
W ここは店長(てんちょう)の出番(でばん)ですよ、お願(ねが)いします。
M しょうがねえなあ、俺(おれ)が処理(しょり)しとくよ。

W 점장님, 저번의 그 손님한테 또 클레임이 들어왔어요.
M 저 사람은 질리지도 않나 봐. 다른 가게를 이용하면 좋을 텐데.
W 이제는 점장님이 나설 차례예요. 부탁드려요.
M 어쩔 수 없지. 내가 처리해 둘게.

표현 활용

+ 出番(でばん)が近(ちか)づいてきたら呼(よ)んでくれる?
+ これからの社会(しゃかい)は女性(じょせい)の出番(でばん)ですよ。

· 나갈 차례가 가까워지면 불러 줄래?
· 앞으로의 사회는 여성들이 나설 차례예요.

懲(こ)りる 질리다, 넌더리나다

出直(でなお)し

処음으로 돌아가 다시 시작함

젊은 남자나 운동선수 들은 성적이 곤두박질치거나 해서 정신을 차려야겠다고 느낄 때 머리를 짧게 밀어 丸坊主(まるぼうず)까까머리가 되곤 하지요. 뭔가 일이 잘 풀리지 않아 다시 시작하려는 마음이 들면 괜히 머리를 짧게 자르고 싶어지는 것 같아요. 일본어로 出直(でなお)し는 '처음으로 돌아가 다시 시작함'이라는 뜻인데요. 처음부터 다시 시작한다고 할 땐 一(いち)から出直(でなお)す라는 표현도 즐겨 쓰지요. 出直(でなお)す는 '일단 되돌아갔다가 다시 나오다'라는 의미로도 쓰이니 함께 외워 둡시다.

실전 대화

W 一応(いちおう)、エクセルとワードならできます。
M でも仕事(しごと)離(はな)れてから結構(けっこう)たつんでしょ？ 大丈夫(だいじょうぶ)なの？
W 一(いち)から出直(でなお)す気持(きも)ちで頑張(がんば)りますんで、よろしくお願(ねが)いします！
M じゃあ、とりあえず試用期間(しようきかん) 3ヶ月(かげつ)ってことでどう？

W 일단 엑셀이나 워드라면 할 수 있어요.
M 그래도 일 안 한 지 꽤 됐지? 괜찮겠어?
W 초심으로 돌아가 열심히 할 테니, 잘 부탁드립니다!
M 그럼, 일단 수습기간을 3개월 두는 건 어때?

표현 활용

+ 昔(むかし)の事(こと)は忘(わす)れて出直(でなお)したほうがいいんじゃない？
+ 会社(かいしゃ)やめて一(いち)から出直(でなお)そうかな。
+ 今(いま)から出直(でなお)しても遅(おそ)くはないと思(おも)うよ。

・ 옛날 일은 잊고 처음부터 다시 시작하는 게 좋지 않아?
・ 회사를 그만두고 처음부터 다시 시작할까?
・ 지금부터 다시 시작해도 늦지 않았다고 생각해.

試用期間(しようきかん) 수습기간, 시험 사용 기간

DAY 35

元通り
もとどお

원래대로

元通り는 '원래대로', '본래대로'라는 뜻입니다. 요즘은 기술이 발달해 물건 같은 것이 고장 나거나 망가져도 정말 감쪽같이 고쳐 놓지요. 하지만 아무리 노력해도 원래대로 되돌려놓기가 힘든 것들도 있어요. 한 번 해친 건강도 그렇고요. 자꾸만 붙는 나잇살 때문에 나날이 두툼해져 가는 뱃살, 신뢰를 잃은 인간관계는 좀처럼 원래대로 되돌리기가 힘든 것 같아요.

실전 대화

W じゃじゃーん。海行ってきた!
M うわ、真っ黒じゃん。日焼けしすぎでしょ。
W やっぱりそう思う? あ〜ん、元通りになるかな。
M これは時間かかるんじゃないの?

W 짜잔~, 바다에 갔다 왔어!
M 우와, 새까맣잖아. 너무 태운 거 같은데.
W 역시 그렇게 생각해? 아아~ 원래대로 되돌아가려나.
M 이건 시간이 걸리는 거 아냐?

표현 활용

+ 一度壊れた関係はそう簡単に元通りにはならないよ。
+ 車のバンパーやっちゃったんですけど、元通りにしてもらえますか?
+ 元通りにできないなら弁償してよね。

- 한 번 깨진 관계는 그렇게 간단하게 원래대로 돌아가지 않아.
- 차 범퍼를 망가뜨려 버렸는데, 원래대로 고쳐 주실 수 있나요?
- 원래대로 안 돌아가면 변상해 줘.

日焼け 햇볕에 탐
弁償 변상

DAY 35

ありのまま

있는 그대로

'まま'는 ありのまま있는 그대로, そのまま그대로, 聞いたまま들은 대로와 같이 명사나 동사 뒤에 붙어 '그 상태 그대로'란 뜻으로 사용합니다. 상대방을 ありのまま 인정하고 사랑해야 하지만, 살다 보면 그게 잘 안 될 때가 있어요. 흰 양말에 검정 구두를 신는 패션 센스까지 사랑하기란 여간 힘든 일이 아니거든요. 그래서 ありのままの君が好きだよ있는 그대로의 네가 좋아, 今のままの君でいて지금 그대로의 너로 있어 줘는 노래 가사나 드라마에만 나오는 멘트 같아요. 설마 이렇게 오글거리는 대사를 얼굴을 마주하고 직접 하는 로맨티스트가 있으려고요. 뭐, 닭살스럽긴 해도 꼭 한 번 들어 보고픈 말이긴 하네요.

실전 대화

W ちょっと聞いてよ。またふられた！
M どしたの？
W ありのままの君が見たいって言うから、スッピンでデートしたの。
M いや、なんでもそのまま見せればいいってもんじゃないでしょ。

W 잠깐 들어 봐. 또 차였어!
M 어떻게 된 거야?
W 있는 그대로의 네가 보고 싶다고 해서 쌩얼로 데이트에 나갔지.
M 아니, 뭐든지 그대로 보여 줘도 된다는 말이 아니잖아.

표현 활용

+ ありのままの自分を受け入れるって大切なことだよ。
+ そんな着飾らないで、ありのままでいいんだよ。

· 있는 그대로의 자신을 받아들이는 건 중요한 거야.
· 그렇게 차려입지 않아도 돼. 있는 그대로가 좋아.

スッピン 맨얼굴, 쌩얼
着飾る 몸치장하다, 차려입다

DAY
36

176 キャバ嬢 술집 여자
177 ラブホ 러브호텔
178 風俗 풍속점, 성매매업소
179 ゲーセン 오락실
180 ぬいぐるみ (봉제) 인형

DAY 36

キャバ嬢

술집 여자

일본에는 다양한 飲み屋술집이 있어요. 대중적인 일본식 선술집인 居酒屋가 있고, 음악과 춤을 즐기러 가는 クラブ클럽도 있지요. 그리고 ホステス호스테스 언니들이 접대를 하는 高級クラブ고급 클럽도 있는데 우리나라의 룸살롱처럼 가격이 꽤 비싸답니다. 가볍게 즐기기 좋은 곳으로는 젊고 예쁜 언니들이 일하는 キャバクラ가 있는데요. 룸살롱보다 한 단계 낮은 단란주점 같은 곳이에요. 이곳에서 일하는 여성들은 キャバ嬢라고 부릅니다. 일본에는 인기 キャバクラ와 キャバ嬢의 정보가 담긴 정보지도 있고, 지역 방송에서는 늦은 밤 キャバ嬢들이 아찔한 옷을 입고 유혹하는 キャバクラ 광고도 심심치 않게 볼 수 있답니다.

실전 대화

W 昨日の二次会、どこ行ったんですか？
M 男だけだったからキャバクラ行ってきた。
W うわ～ 先輩、キャバ嬢にハマってたんですね。
M 違うよ、違う違う。俺はただの付き合いで行っただけだよ。

W 어제 2차는 어디로 갔어요?
M 남자들뿐이었으니까 카바레 클럽에 갔다 왔지.
W 우와~ 선배님, 술집 여자한테 푹 빠졌군요.
M 아니야, 아니라고. 나는 그저 같이 어울리느라 간 것뿐이야.

표현 활용

+ キャバ嬢から同伴してって営業メールきてるんだよね。
+ 大学生のバイトでキャバ嬢してる子って結構いるよね。

· 술집 여자한테서 동반 출근해 달라는 영업 메일이 오고 있어.
· 대학생 알바로 술집에 나가는 여자애들이 꽤 있지.

ハマる 빠지다
同伴(=同伴出勤) 동반 출근

DAY 36

ラブホ

러브호텔

주위를 두리번두리번 살피다 잽싸게 쏙 들어가지요. 카운터 앞에서 남자는 열쇠를 건네받고 여자는 죄지은 사람처럼 고개를 푹 숙인 채 한 걸음 물러서 있어요. 어쩌다 다른 커플들과 마주치기라도 하면 잘못한 것도 없는데 괜히 서로 시선을 피하게 돼요. 우리나라 모텔에서 흔히 볼 수 있는 광경이지만, 일본에서는 좀처럼 보기 힘든 모습이네요. 일본의 모텔은 ラブホテル, 줄여서 ラブホ^{러브호텔}라고 부르는데요, 러브호텔에서 사람을 만나는 일은 거의 없어요. 무인 시스템으로 운영되는 곳이 많거든요. 다양한 테마의 방 중에서 가장 끌리는 방의 사진을 선택하면 유도 사인에 따라 입장하고, 계산은 나올 때 방 안에 설치된 자동 정산기로 하면 된답니다.

실전 대화

M ねえ、しようよ。
W え、ここで？下にお母さんとかいるんでしょ。
M じゃ、ラブホ行こ。ね？
W も〜 しょうがないなあ。

M 있잖아, 하자.
W 뭐, 여기서? 아래에 엄마 있잖아.
M 그럼, 러브호텔 가자. 응?
W 아 진짜～ 어쩔 수 없다니까.

표현 활용

+ 高速道路乗るとなんであんなにラブホが見えるんだろうね。
+ まさかラブホで隠し撮りされてネットに流されてたなんて。

· 고속도로를 타면 왜 저렇게 러브호텔이 많이 보이는 걸까.
· 설마 러브호텔에서 도촬당해 인터넷에 유출되다니.

隠し撮り 도촬

DAY 36

風俗
ふうぞく

풍속점, 성매매업소

신주쿠 뒷거리 歌舞伎町가부키초를 걷다 보면 꽃미남 오빠들이 길거리에 서 있는 모습을 볼 수 있는데, 바로 ホストクラブ호스트바에서 나온 선수들이랍니다. 일본엔 이런 유흥업소보다 수위가 더 높은 곳도 많아요. 보통 성매매업소는 ファッションヘルス 또는 줄여서 ヘルス라고 부르고, 이외에도 출장 서비스인 デリヘル, 비누목욕을 시켜주는 ソープランド소프 랜드, 다양한 코스프레와 상황을 연출하는 イメクラ이미지 클럽, 몰래 훔쳐보는 のぞき部屋엿보는 방 등이 있어요. 확실히 일본은 은밀하고 야릇한 형태의 업소가 많이 발달한 것 같아요. 이렇게 성적 서비스를 제공하는 가게를 통틀어 風俗店 또는 風俗라고 한답니다.

🐵 실전 대화

M 山崎さん、バイトがバレて彼氏と別れたんだってよ。
W 何それ、バイトくらいみんなしてるじゃん。
M いや、ピンサロでバイトしてたんだよ。
W 風俗じゃん! そりゃ別れるね。

M 야마자키 씨가 아르바이트 하는 걸 들켜서 남자친구랑 헤어졌대요.
W 무슨 말이야, 아르바이트 정도는 다들 하잖아.
M 그게, 핑크 살롱에서 아르바이트했대요.
W 성매매업소잖아! 그럼 헤어져야지.

🐵 표현 활용

+ 課長、風俗の子にハマっちゃって大金つぎ込んでるって噂だよ。
+ 借金だらけで風俗から抜け出せないみたい。

· 과장님이 유흥업소 애한테 푹 빠져서 큰돈을 쏟아부었다는 소문이 있어.
· 빚 투성이라서 성매매업소에서 빠져나올 수 없다는 것 같아.

> ピンサロ 핑크 살롱(일본의 유사 성매매업소)
> つぎ込む 쏟아 넣다
> 借金 빚, 차금

DAY 36

ゲーセン

오락실

일본의 오락실은 ゲームセンター, 줄여서 ゲーセン이라고 합니다. 규모가 큰 체인점이 많고, 다양한 게임을 즐길 수 있는 기계들도 많아요. ビデオゲーム^{비디오 게임}뿐만 아니라 パチンコ^{파친코}나 パチスロ^{파친코식 슬롯 머신}도 할 수 있고, プリクラ^{스티커 사진}도 찍을 수 있지요. 개중에는 코스프레 복장을 빌려주는 곳도 있어서 コスプリ^{코스프레}를 하고 스티커 사진을 찍는 일도 가능하답니다. 그리고 ゲーセン 하면 역시 クレーンゲーム^{봉제 인형 등을 소형 크레인으로 집어 꺼내는 게임}을 빼놓을 수 없지요. 여자친구의 'かわいい^{귀여워}'라는 한마디에 プライズ^{경품}를 뽑을 때까지 포기할 수가 없어요. 진정한 열정과 집념을 가르쳐 주는 게임이라 할 수 있지요.

실전 대화

W ねえ、これ買って。
M はあ、ぬいぐるみのくせになんだよ、1万もするじゃん。
W だって大きいんだもん、しょうがないよ。
M これだったら駅前のゲーセンで俺が500円で取ってやるよ。

W 저기, 이거 사 줘.
M 하아, 인형 주제에 뭐야, 만 엔이나 하잖아.
W 그야 크잖아, 어쩔 수 없어.
M 이거라면 역 앞 오락실에서 내가 500엔으로 뽑아 줄게.

표현 활용

+ ゲーセンに入り浸る生活はもうやめなよ。
+ 制服のままだから夜はゲーセンに入れないよ。

· 오락실에서 죽치는 생활은 이제 그만둬.
· 밤에는 교복을 입은 채로 오락실에 못 들어가.

入り浸る (남의 집에 묵으면서) 귀가하지 않다, 죽치다

DAY 36

ぬいぐるみ

(봉제) 인형

남자들은 어째서 기념일에 여자친구에게 인형을 선물하는 걸까요? 또 인형 선물을 받고 나서 억지로 좋아하는 척하는 그녀의 본심을 어째서 알아차리지 못하는 걸까요? 뭐, 물론 인형 선물을 좋아하는 여자들도 있겠지만, 대부분의 성인 여자들은 그다지 좋아하지 않는답니다. 큰 인형은 들고 다니기도 힘들고, 집이 좁으면 놔 둘 곳도 없으니까요. 아무튼 여자들이 꽃보단 반지를, 인형보단 가방을 더 좋아한다는 것을 기억해 줬으면 좋겠습니다. 일본에서는 인형을 두 가지로 구분하는데 마론 인형같이 사람 얼굴을 한 인형은 人形, 천으로 만들어 안에 솜을 넣은 봉제 인형은 ぬいぐるみ라고 부릅니다.

실전 대화

W 見て見て! あれ、かわいい～。
M どれどれ? 俺が取ってやるよ。
W あのUFOキャッチャーのやつ。あれ欲しい!
M リラックマのぬいぐるみ? おっけ。俺に任せろ!

W 봐 봐! 저거 귀엽지.
M 어떤 거? 내가 뽑아 줄게.
W 저 뽑기 기계에 있는 거. 저거 갖고 싶어!
M 리락쿠마 인형? 오케이. 나한테 맡겨!

표현 활용

+ ぬいぐるみがたくさんあると女の子の部屋って感じするよね。
+ ぬいぐるみ捨てる前に供養してくれるお寺があるんだってよ。

· 인형이 많이 있으면 여자애 방이란 느낌이 들지.
· 인형을 버리기 전에 공양해 주는 절이 있대.

UFOキャッチャー 뽑기 기계
供養 공양

225

DAY 37

- 181 体調 컨디션, 몸 상태
- 182 やけ酒 홧김에 마시는 술
- 183 人間ドック 종합검진
- 184 リハビリ 재활치료
- 185 しぐさ 몸짓, 동작

DAY 37

体調
컨디션, 몸 상태

가기 싫은 모임에 빠지고 싶을 때, 일이 하기 싫어 일찍 조퇴하고 싶을 때, 마시기 싫은 술을 거절할 때, 집안일을 은근슬쩍 떠넘기고 싶을 때. 가장 만만하게 댈 수 있는 핑계가 바로 '몸 상태가 안 좋다' 아닐까요. 일본어로는 体調が悪い라고 하는데요, 반대로 몸이 날아갈 듯 컨디션이 좋으면 体調がいい라고 하면 됩니다. 또 体調不良라는 표현도 많이 쓰는데요. '컨디션 난조'라는 뜻입니다. 몸의 컨디션은 과로나 병, 날씨 등 여러 가지 이유로 나빠지지만, 스트레스도 톡톡히 한몫 한다고 해요. 그러니 우리 모두 스트레스 관리를 잘해 최상의 컨디션을 유지하도록 합시다.

실전 대화

M 顔色良くないけど、大丈夫?
W なんか寒気がするんだよね。
M 体調悪いなら休んでなよ。掃除は俺がやっとくから。
W ごめん、ありがと。ちょっと保健室行ってくる。

M 안색이 안 좋은데 괜찮아?
W 왠지 오한이 들어.
M 몸 상태가 안 좋으면 쉬어. 청소는 내가 해 놓을 테니까.
W 미안, 고마워. 잠깐 보건실에 다녀올게.

표현 활용

+ 退院したんだって? 体調はどう?
+ 1日寝たら体調すっかり良くなったよ!

· 퇴원했다며? 몸 상태는 어때?
· 하루 자고 나니까 컨디션이 완전 좋아졌어!

寒気 오한
すっかり 완전히, 매우

DAY 37

やけ酒

홧김에 마시는 술

회사에선 실적이 없다며 상사에게 욕을 한 바가지 얻어먹고, 애인한테는 차이고, 되는 일이 하나도 없어 짜증나 죽겠어요. 이렇게 스트레스가 쌓였을 때 여자들 중에는 먹는 걸로 스트레스를 푸는 사람들이 있지요. 잘못하다가는 음식을 마구 폭식하게 되는데, 이렇게 자포자기해서 마구 먹는 것을 やけ食い라고 합니다. 남자들은 음식보다는 술을 마시는 경우가 많지요. 홧김에 마시는 술은 やけ酒라고 해요. 홧김에 마시는 술은 과음이나 폭음으로 이어지기 쉽고, 실수를 하게 되는 일도 빈번하게 일어나지요. 술이 원수라며 애먼 술만 탓하지 말고, 자기 스스로 잘 조절해서 마셔야 할 것 같아요.

실전 대화

W さあ、今日も飲みに行くぞ～!
M またですか。俺もうグチ聞くの嫌ですよ。
W うるさい。やけ酒でもしなきゃやってらんないっつうの!
M ストレスある度に後輩飲みに連れまわすのやめてくださいよ。

W 자, 오늘도 마시러 가자～!
M 또요? 이제 나도 푸념 듣는 건 싫다고요.
W 시끄러워. 홧김에 술이라도 마시지 않으면 안 되겠단 말이야!
M 스트레스 쌓일 때마다 후배 데리고 술 마시러 다니는 것 좀 그만둬 주세요.

표현 활용

+ 課長、最近ストレスでやけ酒してるんだってよ。
+ そんなにやけ酒ばっかりしてると体壊すよ。

· 과장님이 요즘 스트레스 때문에 술을 드신대.
· 그렇게 홧김에 술 마시다간 몸 망가진다.

グチ 푸념
連れまわす 데리고 다니다

DAY 37

人間ドック
にんげん

종합검진

일본에서는 종합검진을 人間ドック라고 합니다. 여기서 ドック는 영어 dock인데요. CT촬영 기계를 人間ドック라고 부르다가, 보통 종합검진을 할 때 CT촬영도 겸하다 보니 이 표현이 '종합검진'이란 뜻으로까지 쓰이게 되었어요. 나이가 먹어감에 따라 얼굴도 두꺼워지고, 기도 세져서 웬만한 일에는 긴장하거나 겁먹지 않지요. 하지만 종합검진을 받을 때와 그 결과를 들을 때에는 유독 떨리고 긴장되는 것 같아요. 평소 건강에 자신 있는 사람이라도 예외는 아니지요. 별다른 자각 증상이 없더라도 정기적으로 종합검진을 받는 것이 건강을 지키는 지름길이라고 하니 생활화해야겠어요.

실전 대화

M あ～、腹減った。
W ご飯食べればいいじゃん。
M 明日、会社で人間ドックあるから絶食なんだよね。
W もうその季節が来たんだね。バリウムとか飲むんでしょ。

M 아～ 배고프다.
W 밥 먹으면 되잖아.
M 내일 회사에서 종합검진이 있어서 금식이거든.
W 벌써 그럴 때가 됐구나. 바륨 같은 거 마시지?

표현 활용

+ 人間ドックは保険きかない検査とかあるでしょ。
+ 健康診断よりは人間ドックの方が検査項目多いよ。

· 종합검진은 보험이 안 되는 검사도 있지.
· 건강진단보다는 종합검진 쪽이 검사 항목이 많아.

絶食 금식
バリウム 바륨

DAY 37

リハビリ

재활치료

몇 년 전 골프 황제라 불리던 한 유명인이 セックス依存症^{섹스중독증}으로 リハビリ施設^{재활시설}에 입소했다는 기사가 나서 사람들의 입방아에 올랐었죠. 우리나라에서는 유명 운동선수들이 부상으로 リハビリ^{재활치료}를 받는다는 기사를 본 적이 있어요. リハビリ는 '재활'이란 뜻의 영어 rehabilitation에서 따온 말로, 사고나 수술 등으로 손상된 신체기능이나 운동기능을 회복시키기 위해 치료적 훈련을 하는 걸 뜻합니다. 육체적인 재활뿐만 아니라 위에서 언급한 것처럼 무언가에 심각하게 중독된 의존증 환자들에게도 꼭 필요한 과정이라고 할 수 있어요.

실전 대화

W こんにちは。先輩! お見舞い来ました!
M お〜サンキュ。どう? 結構歩けるようになったと思わない?
W この前事故に遭ったばかりなのに、もうそんな動けるようになったんですか?
M リハビリの成果でしょ。早く仕事復帰しなきゃいけないしね。

W 안녕하세요. 선배님, 병문안 왔어요!
M 오~ 땡큐. 어때? 꽤 걸을 수 있게 된 것 같지 않아?
W 사고 당한 지 얼마 안 됐는데 벌써 그렇게 움직일 수 있게 된 거예요?
M 재활치료의 성과지. 얼른 일에 복귀해야 하니까.

표현 활용

+ リハビリ中は辛くても毎日やることに意味があるんだよ。
+ リハビリが終わっても無理はしないでくださいね。

· 재활치료 중에는 괴로워도 매일 하는 것에 의미가 있는 거야.
· 재활치료가 끝나도 무리는 하지 마세요.

遭う (어떤 일을) 당하다, 겪다
復帰 복귀

DAY 37

しぐさ

몸짓, 동작

しぐさ는 '몸짓', '동작'이라는 뜻입니다. 흔히 몸짓이나 동작을 통해 그 사람의 심리를 읽을 수 있다고 하지요. 예를 들면 대화하고 있는 상대방이 손바닥을 숨기거나 손으로 입이나 코를 만지고, 옷깃을 잡아당긴다면 지금 그 사람은 거짓말을 하고 있는 건지도 몰라요. 한편, 이성에게 호감도를 급상승시키는 동작들도 있는데요. 차를 후진할 때 조수석 등받이에 한 팔을 걸치고 뒤를 살피며 핸들을 거침없이 휙휙 돌리는 동작이라든지 넥타이를 매거나 소매를 걷어붙이는 동작들은 뭇 여인네들의 마음을 콩닥콩닥 설레게 만든답니다.

실전 대화

W 私のどんなとこ好き？
M ぜ～んぶ。
W えっ、ちゃんと言ってくんなきゃやだ！
M う～ん。そうだな、ゆりの何気ないしぐさとかが大好きだよ。

W 내 어떤 점이 좋아?
M 전~부.
W 뭐야, 제대로 얘기 안 해 주면 싫어!
M 으음. 글쎄. 유리의 무심코 하는 몸짓들이 너무 좋아.

표현 활용

+ 髪をかきあげる時のしぐさってセクシーだよね。
+ 興味あるかないかなんてしぐさでわかるでしょ。

· 머리카락을 쓸어 올릴 때의 동작이 섹시하지.
· 흥미가 있는지 없는지는 제스처를 보면 알 수 있잖아.

何気ない 무심코, 아무렇지 않다
かきあげる 쓸어 올리다

DAY 38

186 度胸 배짱
187 前向き 긍정적, 적극적
188 マイペース 마이 페이스, 자기만의 방식으로 행동함
189 手ぶら 빈손
190 暇つぶし 심심풀이

DAY 38

度胸
どきょう

배짱

옛말에 '남자는 배짱, 여자는 절개'라는 말이 있지요. 일본에는 男は度胸、女は愛嬌 남자는 배짱, 여자는 애교라는 말이 있어요. 예로부터 우리나라에서 여자의 덕목으로 절개를 중시했다면, 일본에서는 애교를 중시했군요. 그래서인가 일본 여자들이 우리나라 여자들보다 애교가 넘치는 것 같기도 해요. 비음 섞인 소리가 더 여성스럽고 애교스럽게 들리는 것 같기도 하고요. 그런데 매력 있는 남자가 되기 위해서는 배짱이 두둑해야 하는 건 어디서나 똑같은가 봐요. 아무리 그래도 막무가내식 くそ度胸 똥배짱은 비호감이 될 수 있으니 자제하도록 합시다.

실전 대화

M なあ、痴漢一人で捕まえたって聞いたけど。
W そうなの！も〜大変だったんだよ。
M お前って案外度胸あるよな。
W でしょ、ほんと夢中で捕まえたんだから。

M 있잖아, 혼자서 치한을 잡았다고 들었는데.
W 맞아! 정말 힘들었지.
M 너, 의외로 배짱이 있었네.
W 그치? 진짜 필사적으로 잡았다니까.

표현 활용

+ 本気で喧嘩する度胸もないくせに。
+ 昔から男は度胸、女は愛嬌って言うだろ。

· 진심으로 싸울 배짱도 없는 주제에.
· 옛날부터 남자는 배짱, 여자는 애교라고 하잖아.

痴漢 치한
案外 의외로
夢中 열중함, 몰두함

DAY 38

前向き
긍정적, 적극적

갑자기 어떤 문제가 생기거나 곤란한 상황에 처했을 때 저는 '何とかなる, 前向きに!'라고 혼잣말을 읊조리며 자기암시를 걸곤 하는데요. 何とかなる는 '어떻게든 되겠지'라는 뜻이고, 前向き는 사고방식이 긍정적이고 적극적임을 나타내는 말입니다. 반대로 무슨 일이든 後ろ向き소극적이거나 マイナス思考부정적인 사고방식을 가진 사람들이 있는데, 이런 사람들은 상대방까지 우울하고 기운 빠지게 만드는 묘한 재주를 지닌 것 같아요. 제 경험상 부정적인 생각보다는 긍정적인 생각이 더 좋은 결과를 가져다 줬던 것 같아요. 그러니 힘든 상황일수록 前向きに考えましょう긍정적으로 생각합시다!

🐵 실전 대화

M 部長、この前の話なんですけど。
W うん、チームリーダーになること、考えてくれた?
M いや、まだどうしようか悩んでて。
W 前向きに考えてみて。悪い話じゃないと思うから。

M 부장님, 요전에 하셨던 얘기 말인데요.
W 그래, 팀 리더가 되는 거, 생각해 봤어?
M 아니요, 아직 어떻게 할까 고민 중이어서.
W 긍정적으로 생각해 봐. 나쁜 얘기는 아니니까.

🐵 표현 활용

+ もちろん、結婚のことは前向きに考えてるよ。
+ あの人って何事にも前向きだよね。

· 물론, 결혼에 대해선 적극적으로 생각하고 있어.
· 저 사람은 매사에 긍정적이네.

> 何事にも 어떤 일이라도

マイペース
마이 페이스, 자기만의 방식으로 행동함

일본 사람들은 혈액형 이야기를 참 좋아하는 것 같아요. '내 남자친구는 A型라 気が弱い소심해, 저 선배는 B型라 わがまま자기 멋대로야!' 흔히 이런 식의 대화가 많이 오가지요. 우리나라에서 B형 남자는 나쁜 남자가 많고, 浮気者바람둥이라는 비호감 이미지가 있어요. 일본에서도 역시나 B형 남자는 별로 인기가 없는 것 같아요. 자유로운 영혼을 가진 B형들은 흔히 マイペース자기 나름의 방식을 고수하는 경향이 있다고들 하는데요. 일본은 개인의 개성보다는 조직과 집단의 룰을 중시하니까, 그런 점에서 아마 약간의 마찰을 일으키거나 튀어 보일 수 있겠다는 생각이 드네요.

실전 대화

M この前のテスト、成績悪かったらしいじゃん。
W まあ、そんな日もあるでしょ。試験なんてまた受ければいいんだし。
M お前ってマイペースだな。また成績下がったらどうすんだよ。
W その時はその時でしょ。

M 얼마 전에 있었던 시험, 성적 나빴다면서.
W 뭐, 그런 날도 있는 거야. 시험 같은 건 다시 보면 되는 거고.
M 너는 정말 마이 페이스구나. 또 성적이 떨어지면 어떡할 거야?
W 그때는 그때지.

표현 활용

+ あいつは良くも悪くもマイペースだからな。
+ B型はマイペースな人間とか決め付けないで欲しいよね。

· 저 녀석은 좋은 의미로도 나쁜 의미로도 마이 페이스야.
· B형은 자기 멋대로 사는 사람이라고 단정하지 말아 줬으면 해.

焦る 조급해하다
決め付ける 단정하다

DAY 38

手ぶら
て

빈손

예스러운 정취가 느껴지는 목조 가옥, 집집마다 놓인 작은 화분들, 깨끗하게 정리된 골목길. 번쩍번쩍 화려한 시내와는 달리 일본의 주택가 골목길은 참 소박하고 아기자기해요. 아무 생각 없이 ぶらぶら^{어슬렁어슬렁} 산책만 해도 힐링이 되는 곳이 참 많답니다. ぶらぶら는 어떤 목적 없이 '어슬렁어슬렁' 거니는 모습을 나타내는데요. '빈둥빈둥'이라는 속 터지는 뜻도 있답니다. 아무것도 들고 있지 않으면 손이 빈둥빈둥 놀지요. 그래서 빈손을 手ぶら라고 합니다. 우리나라도 그렇지만 일본에서도 거래처나 남의 집을 방문할 때 手土産^{간단한 선물}로 뭐라도 들고 가야지, 手ぶら로 가면 예의 없다는 핀잔을 들을지도 몰라요.

실전 대화

W じゃあ、週末遊びに行くね。
M おう、お前の好きな餃子作って待ってるよ。
W ありがと〜。じゃあ、私もお酒かなんか持ってくよ。
M 手ぶらでおいでよ。大変だろ。

W 그럼, 주말에 놀러 갈게.
M 응, 네가 좋아하는 만두를 만들어 놓고 기다릴게.
W 고마워. 그럼, 나도 술이나 뭐라도 들고 갈게.
M 빈손으로 와. 힘들 텐데.

표현 활용

+ 海外にまで出張したのに手ぶらで帰ってきたの?
+ おいおい、お客様の家に行くのに手ぶらじゃまずいだろ。

· 해외까지 출장 가서는 빈손으로 돌아온 거야?
· 이봐, 손님 댁에 가는데 빈손이면 곤란하잖아.

> おいで 나가다, 오다, 가다의 친근한 말씨

236

DAY 38

暇つぶし

심심풀이

살다 보면 발에 불이 나도록 뛰어다니며 밥 먹을 시간도 없이 바쁠 때도 있고, 시간이 남아돌아 괜한 짓으로 시간을 죽일 때도 있지요. 일본어로 '시간 때우기', '심심풀이'는 暇つぶし라고 합니다. 예전에는 십자수라든가 숨은그림찾기 같은 걸로 시간을 보냈지만, 요즘엔 역시 スマホ스마트폰를 가지고 놀게 돼요. 심심하고 무료할 때 할 수 있는 アプリ앱들도 엄청 많고요. 2G 폰을 쓰던 시절엔 약속시간이 어중간하게 남으면 서점에 가서 立ち読み책을 사지 않고 서서 읽는 것도 많이 했었지만, 요즘은 휴대전화를 만지작거리며 시간을 보내곤 하네요.

실전 대화

W あ～ 暇。
M この時間にはあんまお客さん来ないよね。
W ねえ、暇つぶしにゲームしない？
M いいね。じゃあ、負けた方が今日のメシおごりね。

W 아~ 심심해.
M 이 시간엔 별로 손님이 안 오네.
W 있잖아, 심심풀이로 게임 안 할래?
M 좋아, 그럼 진 쪽이 오늘 밥 쏘기다.

표현 활용

+ どっか暇つぶしできるとこない？
+ 暇つぶしに買い物付き合ってよ。

· 시간 죽일 만한 곳이 어디 없어?
· 시간도 때울 겸 장 보러 같이 가 줘.

買い物 장 보기, 쇼핑
付き合う 동행하다, 사귀다

DAY 39

191 一戸建て 단독주택
192 わんちゃん 강아지, 멍멍이
193 ジャージ 추리닝
194 意気地無し 패기 없는 사람
195 弱虫 겁쟁이

一戸建て

단독주택

서양에서는 집에 대한 소유욕이 강하지 않아, 평생 집을 렌트해서 사는 것이 자연스러운데요. 우리나라나 일본은 그렇지 않은 것 같아요. 집 없는 설움을 많이 당해서일까요. '마이 홈'을 가지는 것이 평생의 숙원인 사람들이 많지요. 평범한 봉급생활자가 월급을 모아 대도시에서 자기 집을 사기란 그리 녹록한 일이 아닌데요. 흔히 토끼장에 비유되는 코딱지만 한 집도 住宅ローン주택 대출금을 끼지 않고서는 도저히 살 엄두를 못 냅니다. 일본에서는 2층 정도의 공동주택을 アパート, 우리나라에서 말하는 아파트를 マンション이라고 불러요. 우리나라 사람들이 비교적 살기 편한 マンション을 선호하는 데 비해 일본 사람들은 마당이 있는 一戸建て단독주택을 훨씬 더 좋아하는 것이 다른 점이네요.

실전 대화

W ねえ、犬飼わない？
M うちはマンションだから、ペット禁止なんだよね。
W そっか。誰か一戸建てに住んでる人いたら紹介してよ。
M おっけ！庭付きじゃないと犬飼うの難しいもんね。

W 있잖아, 개 키우지 않을래?
M 우리 집은 아파트라 애완동물 금지야.
W 그래? 누구 단독주택에 사는 사람 있으면 소개시켜 줘.
M 오케이! 정원이 없으면 개 키우기가 어려우니까.

표현 활용

+ 最近は一戸建てのシェアハウスってのが流行ってるんだってよ。
+ 一戸建てでも郊外で中古だったら安いのあるんじゃない？

· 최근에는 단독주택을 쉐어하는 게 유행이래.
· 단독주택이라도 교외에 있고 오래된 집이라면 싼 물건이 있지 않아?

DAY 39

わんちゃん

강아지, 멍멍이

복실이, 쫑, 메리. 어릴 적 제가 키우던 강아지들 이름인데요. 지금 보면 참 촌스러운 이름이지만 당시에는 꽤 인기 있는 이름이었답니다. 우리에게는 강아지 짖는 소리가 '멍멍'이라고 들리는데 일본 사람들 귀에는 'わんわん'이라고 들리나 봐요. 우리가 강아지를 '멍멍이'라고 부르듯이 일본에서는 わんちゃん이라고 부릅니다. ちゃん은 さん씨의 친근한 말투로 동물에게도 ちゃん을 많이 붙인답니다. 예를 들면 熊ちゃん곰돌이, うさぎちゃん토깽이처럼 말이지요. 강아지 이야기에 고양이가 빠지면 섭섭하지요. 고양이 울음소리는 'にゃんにゃん'이라고 해서, '야옹이'는 にゃんこ라고 불러요.

🐵 실전 대화

M どのような物件をお探しですか？
W ペット可能な家を探してるんですけど。
M こちらのマンションはいかがですか？わんちゃん専用のランニングスペースもありますよ。
W え、本当ですか。お部屋見せてもらってもいいですか？

M 어떤 물건을 찾으시나요?
W 애완동물 키우는 게 가능한 집을 찾고 있는데요.
M 이 아파트는 어떠세요? 강아지 전용 러닝 공간도 있어요.
W 에, 정말요? 방을 볼 수 있을까요?

🐵 표현 활용

+ お母さん、私もわんちゃん飼いたい！
+ わんちゃんとにゃんこなら、どっち派？

· 엄마, 나도 멍멍이 키우고 싶어!
· 강아지랑 고양이 중에 어느 쪽이 더 좋아?

ペット 애완동물
飼う 키우다

ジャージ

추리닝

가볍지요, 구김 안 가지요, 유행 안 타지요, 세탁도 쉽고 얼마나 편한지 몰라요. 그래서 저는 집에선 1년 365일 주구장창 삼선무늬가 선명한 ジャージ추리닝을 애용합니다. 주위엔 무릎 튀어 나온 후줄근한 추리닝을 싫어하는 분들도 상당히 많더라고요. 하지만 저 같은 건어물녀에게 목이 늘어난 티셔츠와 무릎 나온 추리닝은 쉽게 버릴 수 없는 필수 아이템이랍니다. ジャージ는 영어 jersey의 일본식 발음이에요. 원래 jersey는 면 추리닝을 만들 때 많이 쓰는 원단이나 그 원단으로 만든 상의를 의미하지만, 일본에서는 상하의 구분 없이 '추리닝'이란 의미로 사용하게 된 거죠.

실전 대화

M 今日、うち泊まってくだろ？
W うん。なんかパジャマみたいなのある？
M 俺のジャージ使えよ。そこの引き出しにあるから。
W ありがと～。

M 오늘 우리 집에서 자고 갈 거지?
W 응. 잠옷 같은 거 있어?
M 내 추리닝 입어. 거기 서랍 안에 있으니까.
W 고마워.

표현 활용

+ ジャージといえばアディダスの3本ラインでしょ。
+ パジャマの代わりに中学のジャージまだ使ってるよ。

· 추리닝이라고 하면 아디다스의 삼선 라인이지.
· 잠옷 대신 중학교 체육복을 아직 입고 있어.

パジャマ 잠옷
引き出し 서랍

DAY 39

意気地無し
いくじな

패기 없는 사람

意気地는 '기개', '고집'이라는 단어인데요. 意気地無し라고 하면 '패기 없음' 혹은 '패기 없는 사람'을 나타냅니다. 특히 이 표현은 여자들이 남자들의 행동에 실망해 쓰는 경우가 많아요. 놀이동산에 가서 바이킹이나 롤러코스터가 무섭다며 혼자 타라고 등 떠미는 남자, 식당에서 따질 일이 생겨도 쉽게 종업원을 부르지 못하며 우물쭈물 약한 모습을 보이는 남자, 키스를 허락받고 하는 남자! 이런 남자를 보면 意気地無し라는 말이 절로 나오겠지요!

실전 대화

M どうしたの? そんないらいらして。
W またネットに私の悪口書かれてるんだよね。
M 意気地無しのやることなんかほっときな。
W 本人目の前にしたら言えないくせに、ほんと何様って感じ。

M 무슨 일 있어? 그렇게 짜증내고.
W 또 인터넷에 내 욕이 쓰여 있어.
M 패기 없는 녀석들이 하는 짓 따윈 내버려 둬.
W 본인 눈앞에서는 말도 못 하는 주제에, 진짜 지들이 뭔데 잘난 척이야.

표현 활용

+ ノーって言えない意気地の無い男なんていらない!
+ この意気地無し! たった一回負けたくらいで諦めるなよ。
+ 嫁に言われっぱなしだなんて、お前って意気地無しだな。

- NO라고 말할 패기가 없는 남자는 필요 없어!
- 이 패기 없는 녀석! 단 한 번 졌다고 포기하지 마.
- 아내한테 한마디 대꾸도 못 한다니, 너도 참 패기 없는 녀석이구나.

悪口 욕
ほっておく 내버려 두다
何様 거만한 사람, 잘난 척 하는 사람을 두고 비꼬는 말

DAY 39

弱虫
よわむし

겁쟁이

우리나라에서도 책벌레나 일벌레처럼 어떤 일에 지나치게 몰두하는 사람에게 虫벌레라는 단어를 붙이지요. 일본에서도 책벌레는 本の虫, 일벌레는 仕事の虫라고 부릅니다. 그리고 걸핏하면 우는 울보는 泣き虫, 나약하고 겁이 많은 겁쟁이는 弱虫라고 하고요. 일반적으로 겁쟁이들이 눈물도 많은 법이지요. 弱虫와 유사한 단어로는 臆病者겁쟁이가 있으니 함께 외워 둡시다.

실전 대화

M あ、ゴキブリ! 姉ちゃん! 早く、早く来て!
W え、どこ?
M そこだよ、そこ! 早く退治してよ!
W 弱虫! ゴキブリ出たぐらいで、そんなビビんないでよ。

M 으악, 바퀴벌레! 누나! 얼른, 얼른 와 봐!
W 윽, 어디야?
M 거기야, 거기! 얼른 잡아 줘!
W 이런 겁쟁이! 바퀴벌레 나온 정도로 그렇게 쫄지 마.

표현 활용

+ 大人なのに幽霊怖いの? 弱虫だな。
+ 弱虫だな、文句があるなら直接言えよ。
+ 嫌なら嫌って言えばいいのに、弱虫だな。

· 어른인데 유령을 무서워해? 겁쟁이였구나.
· 겁쟁이네, 불만이 있으면 직접 말해.
· 싫으면 싫다고 말하면 되는데, 겁쟁이네.

ゴキブリ 바퀴벌레
退治 퇴치
ビビる 쫄다
文句 불만, 트집

DAY 40

196 いまいち 조금 부족함, 뭔가 부족함
197 真剣(しんけん) 진지함, 진심
198 自(みずか)ら 스스로
199 万(まん)が一(いち) 만에 하나, 만일
200 要(よう)するに 요컨대

いまいち

조금 부족함, 뭔가 부족함

좋은 재료를 잔뜩 넣고 보글보글 정성껏 끓인 찌개. 그런데 가족들의 반응이 い まいち그저 그렇군요. 내가 맛을 봐도 역시 いまいち. 역시 MSG가 들어가야 하는 걸까요? 맛이냐 건강이냐, 그것이 문제네요. 今一(いまいち)는 今一つ(いまひとつ)뭔가 한 가지 중요한 게 부족한 모양에서 유래한 말로, 기대치보다 약간 부족함을 나타내는 표현입니다.

실전 대화

M じゃじゃーん。自信作！スープカレー！
W 作らなくてもよかったのに。
M なんで？オレのメシ、そんなまずい？
W いや、正直……　いまいちなんだよね。なんか味が足りないって言うか。

M 짜잔! 내가 자신 있게 만든 거야! 수프 카레!
W 만들지 않아도 괜찮은데.
M 어째서? 내가 만든 밥이 그렇게 맛 없어?
W 아니, 솔직히…… 왠지 좀 부족해. 뭔가 맛이 부족하다고나 할까.

표현 활용

+ ごめん、お前の言ってること、いまいち理解できない。
+ あいつの新しい彼女、顔がなんかイマイチじゃね？
+ あのギャグ、みんなはハマってたけど、私にはいまいちぐっとこなかったんだよね。

· 미안, 네가 하는 말이 뭔가 이해가 안 돼.
· 저 녀석의 새로운 여자친구, 얼굴이 좀 별로지 않아?
· 저 개그에 모두들 빠져 있지만, 나는 왠지 아무런 느낌도 오지 않아.

> ぐっと 가슴에 감동을 주는 모양

DAY 40

真剣 (しんけん)

진지함, 진심

주위를 보면 만화책으로 일본어 공부를 하는 분들이 있는데요, 특히 일본 만화에는 한자의 読み方(よみかた)읽는 법이 달려 있어, 만화도 보고 한자 공부도 하고 一石二鳥(いっせきにちょう)일석이조이지요. 그런데 가끔 읽는 법을 책에서 배운 것과 다르게 써 놓은 걸 발견하실 거예요. 예를 들면 瞬間(しゅんかん)순간을 とき, 他人(たにん)타인을 ひと, 運命(うんめい)운명을 さだめ라고 표기한다거나 말이지요. 이렇게 본래의 읽는 방법을 무시하고 한자의 의미만을 고려해 전혀 다르게 읽는 것을 当(あ)て字(じ)라고 합니다. '진지함', '진심'이라는 뜻의 真剣(しんけん) 역시 マジ라고 읽는 경우가 많아요. 노래 가사나 만화책, 소설 등에는 이렇게 当(あ)て字(じ)를 많이 쓴답니다.

실전 대화

M お袋(ふくろ)、今度(こんど)紹介(しょうかい)したい子(こ)いるんだけど。
W 今回(こんかい)もどうせ遊(あそ)びなんでしょ？
M ちげーよ。今回(こんかい)は結婚(けっこん)も真剣(しんけん)に考(かんが)えてんだよ。
W じゃあ、週末(しゅうまつ)連(つ)れて来(き)なさい。

M 엄마, 이번에 소개해 주고 싶은 애가 있는데.
W 이번에도 어차피 놀이 상대잖아?
M 아니라고. 이번에는 결혼도 진지하게 생각하고 있어.
W 그럼 주말에 데려와.

표현 활용

+ あのさ、私(わたし)のこと真剣(しんけん)に考(かんが)えてる？
+ ねえ、人(ひと)の話(はなし)聞(き)いてる？真剣(しんけん)な話(はなし)してるんだけど。

· 저기, 나에 대해서 진지하게 생각하고 있는 거야?
· 있잖아, 사람이 말하면 좀 들어. 진지한 이야기를 하고 있잖아.

DAY 40

自_{みずか}ら

스스로

自_{みずか}ら는 '스스로'라는 뜻입니다. 무슨 일이든 누가 시켜서 억지로 하는 것보단 自_{みずか}ら 계획하고 결정해서 처리해 나가는 것이 더 큰 효과를 거두는 것 같아요. 공부도 부모가 억지로 시켜서 하는 것보단 자기 스스로 하는 자기주도 학습이 훨씬 더 좋은 성과를 거둔다고 하잖아요. 그리고 天_{てん}は自_{みずか}ら助_{たす}くる者_{もの}を助_{たす}く 하늘은 스스로 돕는 자를 돕는다라는 말도 있듯이, 남에게 의지하지 않고 스스로 열심히 노력하는 사람은 결국 자신이 원하는 결과를 얻게 되는 것 같아요.

실전 대화

M はあ、海外_{かいがい}で仕事_{しごと}するって大変_{たいへん}なんだな。
W まあ、何_{なに}が起_おきても自分_{じぶん}で全_{すべ}て解決_{かいけつ}しなきゃいけないからね。
M 自_{みずか}ら進_{すす}んだ道_{みち}だけど、くじけそうだよ。
W 頑張_{がんば}って! その分_{ぶん}やりがいがあるってもんでしょ!

M 아아, 해외에서 일하는 건 힘들구나.
W 음, 무슨 일이 생겨도 스스로 전부 해결해야 하니까.
M 스스로 선택한 길인데도 후회할 것 같아.
W 힘내! 그만큼 보람이 있을 거야!

표현 활용

+ うちの会社_{かいしゃ}には自_{みずか}ら考_{かんが}えて行動_{こうどう}できる人_{ひと}っていないの?
+ 自_{みずか}ら過_{あやま}ちを認_{みと}めることは大切_{たいせつ}だよ。
+ 自_{みずか}ら命_{いのち}を絶_たつなんてまねはよしなさい。

· 우리 회사에는 스스로 생각해서 행동하는 사람이 없는 거야?
· 스스로의 실수를 인정하는 게 중요해.
· 스스로 목숨을 끊는 짓은 그만둬.

くじける (기세가) 꺾이다
やりがい 보람
過_{あやま}ち 실수, 과오
命_{いのち}を絶_たつ 목숨을 끊다
まね 흉내, 동작
よす 그만두다, 중지하다

DAY 40

万が一
まんいち

만에 하나, 만일

우리나라에서도 일본처럼 큰 지진이 일어나 원전사고 같은 사고가 발생한다면 어떻게 될까요? 생각만으로도 무섭네요. 절대로 일어나서는 안 되는 일이지만 万が一만에 하나인 경우도 있으니까요. 소 잃고 외양간 고치지 말고 우리도 미리미리 안전교육을 해 두는 게 좋을 것 같다는 생각이 드네요. 万が一는 일어날 확률은 거의 없으나 아주 드물게 발생할지도 모르는 일에 대해 '만일', '만에 하나'라고 가정할 때 쓰는 표현인데, 주로 부정적인 결과를 추측할 때 쓰입니다.

실전 대화

W なんで家の中にヘルメット置いてんの？
M 地震が起きた時のために用意してるんだよ。
W へえ、万が一のために備えてるってわけね。
M そう、食料以外にもとりあえず準備しておけば安心だろ。

W 왜 집 안에 헬멧을 두는 거야?
M 지진이 일어났을 때를 위해 준비한 거야.
W 오호, 만일의 사태를 대비하는 셈이네.
M 맞아, 식료품 외에도 일단 준비해 두면 안심이 되잖아.

표현 활용

+ 万が一のことを考えてエンディングノート作ってみたよ。
+ 万が一、何かあったらここに電話してね。
+ 万が一、連絡取れないときは留守電残しといて。

· 만일의 일을 생각해서 엔딩 노트를 만들어 봤어.
· 만에 하나 무슨 일이 생기면 여기로 전화해.
· 만일 연락이 안 될 때는 음성 메시지를 남겨 둬.

備える 준비하다, 갖추어놓다
エンディングノート 엔딩 노트, 유서처럼 쓰는 노트
留守電 (부재 시의) 음성 메시지

DAY 40
200

要するに

요컨대

제게는 말끝마다 要するに요컨대라는 단어를 쓰며 문장을 정리하려는 듯한 口癖말버릇을 가진 친구가 있어요. 예전에 어느 심리학 책에서 봤는데 사람은 은연중에 자신의 성격이 말버릇에 묻어 나온다고 하더라고요. 要するに를 자주 쓰는 사람은 자신이 우수하다는 자신감을 갖고 있을 확률이 높다고 해요. 저는 이 단어를 자주 쓰지 않으니 그다지 자신감이 없는 걸까요? 대신 저는 別に별로라는 말을 자주 사용해요. 그런데 이 말은 欲求不満욕구불만인 사람이 많이 쓴다고 하네요. なるほど과연, 역시 그랬군요!

실전 대화

W バスに乗ろうとしたんですけど、そこに電話がかかってきちゃって。
M それで?
W その電話取ろうとしたんですけど、そしたら携帯を線路に落としちゃって。
M 要するに遅刻したってことでしょ。

W 버스에 타려고 했는데, 그 순간 전화가 걸려 와서.
M 그래서?
W 그 전화를 받으려 했는데, 그랬더니 전화를 선로에 떨어뜨려 버려서.
M 요컨대 지각했다는 거지?

표현 활용

+ 要するにお前、彼女に振られたんだろ?
+ え、ごめん。要するに何が言いたいの?

· 그러니까 너 여자친구한테 차인 거지?
· 어, 미안. 그래서 결국 뭘 말하고 싶은 거야?

線路 선로
振る 거절하다, 퇴짜놓다

DAY 41

- 201 よりによって 하필, 공교롭게도
- 202 ちょくちょく 가끔, 이따금, 때때로, 종종
- 203 いずれ 어차피, 결국, 머지않아, 언젠가
- 204 むしろ 오히려, 차라리
- 205 ついでに 겸사겸사, 하는 김에

よりによって

하필, 공교롭게도

よりによって^{공교롭게도} 제 생일은 正月^{설날}이어서 생일파티는커녕 명절 음식을 처리하느라 생일 케이크도 못 잘라 봤네요. ついてない^{운도 참 없어요}. 방금 일어나 부스스한 すっぴん^{쌩얼}에 무릎 나온 ジャージ^{추리닝} 바람으로 동네 슈퍼에 가는데, 쭉쭉빵빵 예쁜 여자와 지나가던 옛 남자친구랑 딱 마주쳤지 뭐예요. 왜 よりによって^{하필} 이런 모습일 때 마주치냐고요. ちくしょ^{젠장}! よりによって는 選ぶ^{고르다}라는 동사에서 온 말로, '고르고 고른 중에 왜 하필이면', '공교롭게'라는 뜻이 담겨 있습니다.

실전 대화

W あと何分くらいで着きますか?
M この渋滞だからね。あと1時間はかかるかな。
W よりによってこんな時に! 午後から大事な会議があるんですよ。
M う～ん。高速降りて一般道走ってみるか?

W 앞으로 몇 분 정도면 도착할까요?
M 이렇게 길이 막히니까 말이야, 앞으로 1시간은 걸리려나.
W 왜 하필 이럴 때에! 오후부터 중요한 회의가 있다고요.
M 으음, 고속도로를 나가서 일반도로로 달려 볼까?

표현 활용

+ よりによってなんであんな男と結婚したの?
+ よりによって同じ人好きになるだなんて思いもしなかったな。

· 왜 하필 저런 남자랑 결혼했어?
· 공교롭게도 같은 사람을 좋아하게 되다니, 생각지도 못했어.

渋滞 정체
高速 고속도로
一般道 일반도로

DAY 41

ちょくちょく

가끔, 이따금, 때때로, 종종

사흘이 멀다 하고 술을 마시면 よく 마신다고 할 수 있고, 한 달에 서너 번 마시면 時々, 기념일이나 특별한 날에만 마시면 たまに 마신다고 할 수 있겠지요. よく는 '자주', 時々는 '때때로 가끔', たまには '어쩌다'라는 뜻으로, 모두 다 빈도를 나타내는 부사들입니다. 빈도부사는 객관적 기준이 있는 게 아니고 본인의 잣대로 판단하는 거라 일주일에 한 번 샤워하는 걸 しょっちゅう 자주 한다고 느끼는 사람도 있을 것이고, ちょくちょく 한다고 생각하는 사람들도 있을 거예요. ちょくちょく는 '가끔', '이따금' 이라는 뜻으로 ちょいちょい 라고도 합니다. 時々와 유사한 표현이라고 이해하시면 될 것 같아요.

실전 대화

W この前紹介してくれた人と全然距離が縮まらないんだけど。
M デートした？チューは？何にも進展してないの？
W うーん、ちょくちょく会ってはいるんだけどね。反応がいまいち。
M 飲みに行きなよ。お酒入ったら何か変わるんじゃない？

W 지난번에 소개해 준 사람과 전혀 거리가 좁혀지지 않아.
M 데이트했어? 뽀뽀는? 아무 진전도 없는 거야?
W 음, 가끔 만나고 있기는 하지. 반응이 좀 별로야.
M 술 마시러 가 봐. 술이 들어가면 뭔가 변하지 않을까?

표현 활용

+ 別れても彼とはちょくちょく連絡とってるよ。
+ メールはちょくちょくするんだけどさ、会ってくれないんだよね。

· 헤어져도 그와는 가끔씩 연락을 하고 있어.
· 메일은 가끔 보내는데 말이야, 만나 주지를 않아.

進展 진전
反応 반응

DAY 41

いずれ

어차피, 결국, 머지않아, 언젠가

배우자 몰래 뒷주머니를 차도 いずれ^{결국} 들키기 마련이에요. 바람피우는 것도 마찬가지고요. 아무리 조심해도 いずれ^{머지않아} 꼬리가 잡히기 마련이지요. 그렇다면 들키기 전에 얼른 고백하는 게 나을까요? いずれ^{어차피} 알려질 일이라면 빨리 털어놓는 게 마음 편하고, いずれ^{언젠가} 헤어질 사이라면 질질 끌지 말고 후딱 헤어지는 편이 나은 것 같아요. いずれ는 '어차피', '결국' 이라는 뜻이고요, 人はいずれ死ぬ^{사람은 언젠가 죽는다}처럼 문맥에 따라 '언젠가'라는 뉘앙스로도 쓰입니다.

실전 대화

W 転職の話、みんなに話したの？
M いや、まだです。ちょっと言いづらくて。
W いずれバレるんだから、早めに言っておいたほうがいいよ。
M そうですよね。

W 이직 얘기, 모두에게 이야기했어?
M 아뇨, 아직이에요. 약간 말하기 힘들어서.
W 어차피 알게 될 테니, 빨리 말해 두는 게 좋아.
M 그렇겠지요.

표현 활용

+ いずれ真実が明らかになるよ。
+ どんなに楽しくたって不倫はいずれ終わる時が来るんだよ。
+ 今は自由にしてるけど、いずれはどこかに就職すると思う。

· 머지않아 진실이 밝혀질 거야.
· 아무리 즐겁다고 해도 불륜은 결국 끝날 때가 오는 법이야.
· 지금은 자유롭지만, 언젠가 어딘가에 취직하겠지.

転職 전직, 이직
明らか 분명함, 명확함
不倫 불륜

DAY 41

むしろ

오히려, 차라리

ムシロ ムシロ 恋しい時 お前よ 泣きなさい 무시로 무시로 그리울 때 그때 울어요. '무시로'라고 하면 애절하고 감미로운 국민 트로트가 먼저 떠오르는 분들이 많으시지요. 혹시 일본어 むしろ가 먼저 떠오르셨다면 오호! 일본어를 아주 열공하고 계신 분이네요. 짝짝짝. 우리말 무시로는 '시도 때도 없이'라는 뜻이고, 일본어 むしろ는 '오히려', '차라리'라는 뜻입니다.

실전 대화

M 彼氏とディズニーランド行ったんでしょ？楽しかった？
W 人たくさんいて、待ち時間だらけだったんだよね。
M じゃあ、待ってる間何してたの？
W も～ずっと無言。むしろ一人で行けばよかったよ。

M 남자친구랑 디즈니랜드에 갔었지? 재밌었어?
W 사람이 완전 많아서, 계속 기다리기만 했어.
M 그럼 기다리는 동안에 뭐 했어?
W 계속 아무 말도 없었지. 차라리 혼자 가는 게 나았어.

표현 활용

+ 涼しいというよりむしろ肌寒いですね。
+ 郵便で送るよりむしろ直接届けたほうが早いんじゃないですか？
+ 彼女に会うよりむしろ家でごろごろしてたい。

· 서늘하다기보다 오히려 쌀쌀하네요.
· 우편으로 보내는 것보다 직접 전해 주는 편이 오히려 빠르지 않나요?
· 여자친구를 만나는 것보다 차라리 집에서 뒹굴거리고 싶어.

待ち時間 기다리는 시간, 대기시간
無言 무언, 아무 말 없음
肌寒い 쌀쌀하다
ごろごろ 뒹굴뒹굴

DAY 41

ついでに

겸사겸사, 하는 김에

ついでに는 어떤 일을 하는 차에 다른 일도 한다는 의미입니다. 상대방에게 무언가를 부탁할 때 쓰면 유용한 표현이지요. 도서관으로 가는 친구에게 가는 김에 책을 반납해 달라고 부탁한다거나, 설거지해 준 남편에게 손에 물 묻힌 김에 화장실 청소까지 해 달라고 부탁한다거나 말이지요. 이 표현은 상대에게 은근슬쩍 호의를 베풀 때에도 쓸 수 있어요. 내 일을 하는 김에 당신 몫까지 했다고 말해 주는 거지요. 때로는 상대방이 부담스러워할까 봐 이렇게 돌려 말하는 경우도 있고요. 짝사랑하는 사람에게 도시락을 싸서 건네주며 '내 것을 싸는 김에 재료가 남아서……' 이렇게 말이에요.

실전 대화

- W お先に休憩入りま～す。
- M はいはーい。ねえ、弁当？食堂？
- W いや、今日はコンビニ行こうと思って。
- M じゃあ、ついでにパン買ってきてくんない？

- W 먼저 쉴게요.
- M 네, 알겠습니다. 있잖아, 도시락이야, 식당이야?
- W 아니, 오늘은 편의점 갈까 하는데.
- M 그럼, 가는 김에 빵 좀 사다 주지 않을래?

표현 활용

+ 出かけるんならついでにお使い頼んでもいい？
+ 帰り道一緒だし、ついで送っていくよ。

- 나가는 김에 심부름 부탁해도 돼?
- 집에 가는 길이 같으니까, 가는 김에 바래다줄게.

> お使い 심부름
> 帰り道 돌아가는 길, 귀가길

DAY 42

206 ちゃっかり 약삭빠르게
207 ガチで 정말로
208 ずばり 정확히, 바로
209 びしっと 따끔하게, 호되게
210 強引に 억지로, 강제로

ちゃっかり

DAY 42

약삭빠르게

평소 밥 한 끼를 사지 않다가 누가 한턱낸다고 하면 부르지도 않았는데 참석하는 사람. 통화 중에 갑자기 전화를 툭 끊어 상대방에게 다시 걸게 하는 사람. 이런 사람들을 우리는 약았다고 하지요. 일본어로 ちゃっかり는 '약삭빠르게'라는 의미인데요. 자신의 잇속을 챙기며 약아빠진 행동을 하는 사람들을 ちゃっかり者(もの)라고 부른답니다. 이런 사람들은 口達者(くちだっしゃ)말주변이 좋고, 要領(ようりょう)がいい요령이 좋고, ずうずうしい뻔뻔한 것이 특징이라고 할 수 있지요.

실전 대화

M あ、その仕事(しごと)僕(ぼく)がやっておきますよ。
W あれ、残業(ざんぎょう)してるなんて珍(めずら)しいね。
M 8時(じ)過(す)ぎたら給料(きゅうりょう)とは別(べつ)に残業代(ざんぎょうだい)出(で)るって聞(き)いたんで。
W ちゃっかりしてんね。

M 아, 그 일은 제가 해 둘게요.
W 어라, 잔업을 하다니 별일이네.
M 8시가 지나면 월급과는 별도로 야근수당이 나온다고 들었거든요.
W 약삭빠르네.

표현 활용

+ うちの奥(おく)さんはちゃっかり者(もの)だから、すぐお金(かね)貯(た)まりそうだよ。
+ ほんとそういうところ、ちゃっかりしてんな。
+ 試供品(しきょうひん)だけで済(す)ますとかちゃっかりしすぎでしょ。

・ 우리 집 와이프는 약아빠진 사람이라 빨리 돈 모을 수 있을 것 같아.
・ 진짜 그런 점에서 약삭빠르네.
・ 샘플로 때우려 하다니 너무 얌체짓이잖아.

残業代(ざんぎょうだい) 야근수당
貯(た)まる (돈이) 모이다
試供品(しきょうひん) 견본품, 샘플

DAY 42

ガチで

정말로

살이 안 쪄 ガチで^{정말} 고민이신 분들에겐 ちゃんこ鍋^{なべ}^{창코나베}를 추천해 드리고 싶네요. 창코나베는 스모 선수들이 살을 찌우기 위해 먹는 전골요리입니다. 생선・고기・야채 등 각종 재료를 큼직하게 썰어 왕창 넣고 끓여 먹는데, 살찌우는 데 이만한 게 없어요. 스모 선수들은 워낙 거구이다 보니, 서로 몸을 부딪칠 때 ガチン쿵 하고 소리가 나지요. 여기서 유래하여 ガチンコ가 '진검승부'를 뜻하게 되었답니다. 그리고 ガチ는 ガチンコ의 준말인데요, ガチで는 マジで^{정말로}, 本気で^{진심으로}, 真剣に^{진지하게}라는 뜻으로 사용합니다.

실전 대화

M 俺、あいつと別れたから。
W とかいって、どうせまたくっつくんでしょ。
M いや、ガチだから。
W どうだか。復縁するに一票。

M 나, 걔하고 헤어졌어.
W 그렇게 말해도 어차피 다시 사귈 거잖아.
M 아니, 진짜라니까.
W 글쎄. 다시 사귄다에 한 표.

표현 활용

+ 今回のプレゼン、ガチでいかせてもらいますよ。
+ 冗談じゃなくて、あいつのことガチで嫌いなの。

・ 이번 프레젠테이션은 진짜로 먹힐 거예요.
・ 농담이 아니라, 저 녀석 진짜로 싫어.

> くっつく 들러붙다, 달라붙다
> 復縁^{ふくえん} 끊어진 인연을 다시 되돌리는 것

ずばり

정확히, 바로

예전에 제가 즐겨 보던 일본 버라이어티 방송 중에 ズバリ言うわよ 거침없이 말해 주겠어요라는 프로그램이 있었어요. 일본의 유명한 점술사가 나와 게스트들에게 인생 상담 및 조언을 해 주던 프로그램인데, 따끔한 독설이 참 재미있었던 기억이 나네요. 궁금하신 분들은 일본어 聞き取り 듣기 공부도 할 겸 동영상 사이트에서 한번 찾아보세요. ずばり는 정확히 핵심이나 정곡을 찌르는 모양을 나타내는 표현인데요, 문맥에 따라 '거침없이', '서슴지 않고', '정확히'란 의미가 됩니다.

실전 대화

W この大学受けてみようかな。
M いや、無理だろ、お前の成績じゃ。
W そんなずばりと言わなくても。
M だってほんとの事じゃん。

W 이 대학에 지원해 볼까.
M 아니, 무리야. 네 성적이라면.
W 그렇게 꼭 집어 말하지 않아도 되잖아.
M 그치만 사실이잖아.

표현 활용

+ あの人ならずばりと意見を言ってくれるよ。
+ あの占い師はずばりと言い当てるらしいよ。
+ 本音をずばりと言われると辛いよね。

· 저 사람이라면 정확히 의견을 말해 줄 거야.
· 저 점쟁이는 정확히 알아맞힌대.
· 속에 있던 본심을 거침없이 듣게 되면 괴로워.

占い師 점쟁이
本音 본심

DAY 42

びしっと

따끔하게, 호되게

따끔하게 혼을 내야 할 때, 단호하게 결정을 내리거나 거절을 해야 할 때 びしっと따끔하게, 호되게, 단호하게라는 표현을 쓰면 됩니다. 우리는 흔히 三つ子の魂, 百まで세 살 버릇 여든까지 간다라고 하지요. 어릴 때 형성된 버릇이나 품성은 평생을 가니까 유아기부터 올바르게 잘 가르쳐야 한다는 것을 빗대는 ことわざ속담입니다. 아무리 예쁜 자식이라지만 위험한 일이나 남에게 피해를 주는 행동을 일삼으면 びしっと 혼내야 해요. 하지만 어디 부모 마음이 그런가요. 얼마나 안쓰러운데요. 혼내면 '으앙~' 하고 울음보가 터지는 꼬맹이들을 훈육하기란 정말 힘겨운 일이 아닐 수 없어요.

실전 대화

W 準備できた？
M おう、今日は大切なプレゼンだからな。
W ご自慢の英語でびしっと決めてよね。
M まかせとけって！

W 준비됐어?
M 응, 오늘은 중요한 프레젠테이션이니까.
W 특기인 영어 실력으로 빈틈없이 진행해.
M 맡겨 두라니까!

표현 활용

+ ヘラヘラしてないで、もう少しびしっとしてよ。
+ 今日こそ辞めるってびしっと言ってやる！

· 실실 웃지 말고 좀 더 단호하게 행동해.
· 오늘이야말로 그만둔다고 딱 잘라 말해 주겠어!

ヘラヘラ 실없이 웃는 모양, 헤실헤실

DAY 42

強引に

억지로, 강제로

술에 취해 強引に강제로 키스하려던 여자의 혀를 깨물어 절단한 남자, 결국 정당방위로 인정 못 받음. 흠, 이런 사건이 있었군요. 이건 또 무슨 기사예? 한쪽은 서로 합의 하에 사랑을 나눴다고 하고, 한쪽은 강제로 レイプ성폭행당했다고 억울함을 호소함. 나 원 참, 세상이 요지경이라 희한한 사람들도, 희한한 사건들도 많은 것 같아요. 어찌되었건 상대방의 의견을 무시한 채 억지로, 강압적으로 일을 밀어붙이면 나중에 꼭 문제가 생기는 것 같아요.

실전 대화

W あれ、新聞なんて読むんだ。
M いや、読む気はないんだけどさ、3ヶ月だけね。
W 新聞の勧誘でしょ。そういうのはきっぱり断らなきゃ。
M だって強引なんだもん。契約するまで帰らないってずっとねばるからさ。

W 어라, 신문을 다 읽는구나.
M 아니, 읽고 싶은 마음은 없는데, 3개월만이야.
W 신문 권유 때문이지? 그런 건 딱 잘라 거절해야 돼.
M 그렇지만 막무가내인걸. 계약 때까지 돌아가지 않을 거라며 계속 달라붙으니까.

표현 활용

+ 壁ドンから強引なキスとか、少女マンガの典型だよね。
+ この人形、海外のお土産屋さんで強引に買わされたんだよね。
+ この前、新興宗教に強引に勧誘されて困ったよ。

· 벽치기부터 억지로 하는 키스라던가, 소녀만화의 전형이지.
· 이 인형은 해외 선물가게에서 강제로 구매당한 거야.
· 얼마 전에 신흥종교에 억지로 권유당해서 곤란했어.

粘る 달라붙다
勧誘 권유
きっぱり 딱 잘라, 단호하게

DAY 43

211 弄ぶ 가지고 놀다
212 ほったらかす 내버려두다, 내팽개치다
213 思い付く 문득 떠오르다
214 当てはまる 꼭 들어맞다, 적합하다
215 申し込む 신청하다

DAY 43

弄ぶ　가지고 놀다

弄ぶ는 원래 '손에 쥐고 가지고 놀다'라는 뜻인데요. 진심 없이 일시적으로 이성을 데리고 놀 때, 사람을 '갖고 놀다', '농락하다'는 뜻으로 쓰입니다. 예를 들면 사귈 마음 전혀 없으면서 단순히 体目当てで_{몸을 노리고} 여자를 만난다거나, 남자친구가 있는 여자가 자신에게 호감을 보이는 남자를 한동안 데리고 놀다가 다시 차 버리고 원래 애인한테 돌아간다거나요.

실전 대화

W ねえ、リナが同棲してた彼氏と別れたんだってよ。
M 二股かけられてたんだろ？結局遊びだったんだよ。
W 人の気持ちを弄ぶだなんて最低だよ。
M いや、リナも見る目なさ過ぎるよ。ホストなんかと付き合うからだよ。

W 있잖아, 리나가 동거했었던 남자랑 헤어졌대.
M 양다리 걸친 거였지? 결국 엔조이였던 거야.
W 사람의 마음을 갖고 놀다니 재수 없어.
M 아니, 리나도 보는 눈이 너무 없어. 호스트 따위랑 사귀니까 그렇지.

표현 활용

+ あたしのこと、弄んだの？
+ あの先輩に弄ばれたんだよ。
+ そりゃ運命に弄ばれたんだろうな。

· 날 갖고 논 거야?
· 그 선배한테 농락당한 거야.
· 그건 운명에 농락당한 거야.

同棲 동거
二股 양다리

DAY 43

ほったらかす

내버려두다, 내팽개치다

숙제는 내버려두고 게임에 빠진 아이, 벗은 옷을 그대로 바닥에 내버려두는 딸, 아이를 혼자 내버려두고 쇼핑 삼매경인 엄마, 가정은 내팽개치고 술집 여자에 빠진 아빠, 웬 콩가루 집안 얘기냐고요? 정말 이런 집이 있다면 집안 꼴이 말이 아니겠어요. 이렇게 '내버려두다', '내팽개치다'라고 할 때는 일본어로 ほったらかす라고 합니다. '일이나 사람을 돌보지 않고 내팽개치다'는 뜻으로, 이 표현은 '방치하다'는 뉘앙스가 강하답니다.

실전 대화

W ちょっと、ここに脱いだ靴下置かないでよ。
M あー、後で片づける。
W こんなところにほったらかしてたらお母さんに怒られるよ。
M はいはい、待って。今やるから。

W 야, 여기에 벗은 양말 두지 마.
M 아이 참, 나중에 치울게.
W 이런 곳에 내버려두면 엄마한테 혼나.
M 알았어, 기다려. 지금 할 테니까.

표현 활용

+ 子供ほったらかしてどこ行ってたんだよ。
+ 荷物ほったらかしにしないで。
+ 脱いだ服ほったらかしにしないで。

· 아이를 내버려두고 어딜 갔었던 거야.
· 짐을 아무렇게나 두지 마.
· 벗은 옷을 함부로 팽개쳐 두지 마.

> 片づける 정리하다, 치우다

DAY 43

思^{おも}い付^つく

문득 떠오르다

영화 아이언맨 시리즈의 남자 주인공 이름이 뭐였더라? 생각이 날 듯한데 안 나네. 아, 답답해! 이렇게 기억이 안 날 때는 쿨하게 포기하면 되는데 그게 잘 안 되죠. 옆에 있는 사람에게 물어봐도 신통찮은 대답만 돌아온다면 스마트폰을 꺼내 빛의 속도로 검색을 하고 나서야 마음이 편해진답니다. 갑자기 기억이 안 날 때는 思い出さない(기억나지 않는다)나 思い出せない(기억해 낼 수 없다)라고 말하면 됩니다. 思い出す가 '기억해 내다', '상기하다'라는 뉘앙스라면, 좋은 아이디어나 묘안 같은 것들이 '문득 떠오르다'는 思い付く라고 표현합니다. 또 어떤 예문들이 있을까요? 음, 좋은 예문이 더 이상 思い付かない(안 떠올라요)!

실전 대화

W 来週のお母さんの誕生日どうする?
M 還暦だから何か記念になることしたいよな。
W あ、私いい事思い付いた!
M なになに? 教えてよ。

W 다음 주 어머니 생신에 어떡할래?
M 환갑이니까 뭔가 기념이 될 만한 걸 하고 싶어.
W 아, 나 좋은 생각이 떠올랐어!
M 뭔데? 알려 줘.

표현 활용

+ 思い付くままやってみたら?
+ 何一ついいアイデアが思い付かないよ。

· 떠오르는 대로 해 보는 게 어때?
· 무엇 하나 좋은 아이디어가 떠오르질 않아.

還暦 환갑
アイデア 아이디어

DAY 43

当てはまる
꼭 들어맞다, 적합하다

잡지를 넘기다 보면 '지금 당장 알아보는 애인의 바람기 측정', '이제는 날씬해질 수 있다! 당신에게 꼭 맞는 다이어트 비법'과 같은 타이틀이 달린 심리테스트가 꼭 있지요. 정말 결과가 잘 맞는지는 모르겠지만 ひまつぶし(심심풀이)로 막상 해 보면 은근히 재미있고 중독성이 있어요. 일본 잡지에도 혈액형이나 연애가 주제인 심리테스트가 자주 실리는데요. 문항의 내용이 자신과 꼭 들어맞으면 当てはまる, 조금 들어맞으면 やや当てはまる, 별로 들어맞지 않으면 あまり当てはまらない, 전혀 들어맞지 않으면 全く当てはまらない에 체크하면 된답니다.

실전 대화

W ねえ、血液型は何型?
M 俺? B型。
W じゃあ、熱しやすいけど冷めやすいタイプでしょ。
M まあ、結構当てはまってるね。

W 있잖아, 혈액형이 뭐야?
M 나? B형.
W 그럼 쉽게 뜨거워지고 금방 식는 타입이지.
M 뭐, 꽤 들어맞네.

표현 활용

+ そんな条件に当てはまる人なんているの?
+ 占いなんて誰にでも当てはまるものじゃないよ。

· 그런 조건에 적합한 사람이 있어?
· 점이라는 거 아무한테나 들어맞는 건 아니야.

熱する 뜨거워지다, 열중하다
冷める 식다
占い 점, 사주

申し込む

신청하다

할머니들이 '쓰메끼리'라고 부르는 손톱깎이는 爪切り이고요, 발음이 비슷한 締め切り는 '마감일'이라는 뜻이에요. 보통 '신청하다'는 申し込む라고 하는데요, 관공서 등에 인가나 허가를 신청할 때는 申請する라는 표현을 많이 씁니다. 일본어를 공부하는 분 중에는 JLPT라는 日本語能力試験 일본어능력시험을 응시하는 분이 많은데요. 제 주변에도 '이번 주에 申し込む 신청해야지' 하고 미루다가 꼭 締め切り를 놓치는 사람들이 있어요. 뭔가 서류를 신청할 일이 있을 때는 미리미리 신청해 두는 게 좋은데, 그게 참 말처럼 쉽지만은 않은 것 같아요.

실전 대화

W ねえ、夏休みどうすんの?
M うーん、今年は受験だから塾行こうかなって。
W じゃあ、一緒に夏期講習申し込もうよ。
M いいね。

W 있잖아, 여름방학에 뭐 할 거야?
M 으음, 올해는 수험이 있으니까 학원에 다닐까 해.
W 그럼 말이야, 같이 하기강습 신청하자.
M 좋아.

표현 활용

+ カードのお申し込みは二十歳からとなっております。
+ 明日までだから早く申し込んだ方がいいよ。

· 카드 신청은 스무 살부터 가능합니다.
· 내일까지니까 얼른 신청하는 게 좋아.

塾	학원
二十歳	스무 살

DAY 44

- 216 庇う 감싸다
- 217 言い聞かせる 타이르다, 훈계하다
- 218 言い切る 단언하다
- 219 決めつける 단정 짓다
- 220 問い詰める 캐묻다, 추궁하다

DAY 44

庇う
かば

감싸다

남편은 내 편이 아닌 남의 편이기 때문에 남편이라 부른다는 우스갯소리가 있지요. 주변을 봐도 부인 편을 들지 않고 상대방을 두둔해서 부인의 화를 더 돋우는 케이스가 많은 것 같아요. 여러분, 이성적으로 부인이 올바르지 않더라도 남편만은 무조건 부인을 庇う _{감싸는, 두둔하는} 사람이 되도록 합시다. 아내가 행복하면 모름지기 가정이 행복한 법이거든요.

실전 대화

M ほんとにお前一人で盗んだのか？
W はい、私が一人でやりました。
M 誰か庇ってないか？ほんとにお前一人なのか？
W はい。単独犯です。

M 정말 너 혼자 훔친 거야?
W 네, 저 혼자 했습니다.
M 누군가를 감싸고 있는 거 아냐? 진짜 너 혼자 했어?
W 네, 단독 범죄입니다.

표현 활용

+ 妻のミスは夫のあなたが庇ってくれなきゃ。
+ さすがに今回の失態は庇いきれないよ。
+ あんなやつ庇う必要ないよ。

· 아내의 실수는 남편인 당신이 감싸 줘야지.
· 역시 이번 실수는 감싸 줄 수가 없네.
· 그런 녀석은 두둔할 필요 없어.

単独犯 단독범
失態 실태, 본디 모습을 잃음

DAY 44

言い聞かせる

타이르다, 훈계하다

일본어로 '말을 듣지 않는다'는 글자 그대로 言うことを聞かない라고 합니다. 남자들은 뇌 구조상 두 가지 일을 동시에 처리하지 못한다고 하더라고요. 텔레비전을 보고 있는 남편과 아들에게 무언가를 시키면 들은 척도 안 하는 경우가 많지요. 그러면 엄마들의 목소리가 점점 커지다가 급기야 배구선수 뺨치는 파워로 등짝을 찰싹 내려치게 되지요. 싱글일 때는 부드럽고 나긋나긋한 여자였을 텐데, 과격한 여전사가 되어 버린 탓은 다 집안의 남정네들 때문이라니까요. 하지만 아무리 그래도 폭력은 안 돼요. 인내심을 갖고 言い聞かせる^{타이르다} 보면 언젠간 아내의 마음을, 엄마의 진심을 알아줄 날이 오겠지요.

실전 대화

W ちょっと、この子の親誰？
M はい！僕です。何でしょうか？
W この子が商品のパンにペタペタ触るのよ。注意してちょうだい。
M すみません。ちゃんと言い聞かせますんで。

W 잠시만요, 이 아이의 부모가 누구죠?
M 네! 접니다. 무슨 일입니까?
W 이 아이가 상품으로 내놓은 빵을 마구 만져 대고 있어요. 주의 좀 주세요.
M 죄송합니다. 제대로 타이를게요.

표현 활용

+ やっていい事悪い事はちゃんと言い聞かせてくれなきゃ。
+ 後でよく言い聞かせますんで。

- 해도 되는 일과 안 되는 일은 제대로 타이르며 가르쳐 줘야 해.
- 나중에 잘 훈계하겠습니다.

ペタペタ 처덕처덕, 온통
ちゃんと 제대로, 분명히

DAY 44

言い切る
단언하다

No라고 거절하지 못하는 일본인이라는 표현도 있듯이, 일본 사람들은 거절이나 부정적인 멘트를 말하기 꺼려해요. 아마도 상대방의 기분을 너무 의식하고, 자신의 발언에 책임을 지지 않으려는 성향 때문인 것 같아요. 그래서인지 일본어는 말끝을 애매하게 흐리는 표현들이 많습니다. 예를 들면 いいです^{좋습니다}라고 단정하면 될 것을, いいと思われますけど^{좋다고 생각됩니다만}이라고 말해 상대방 속을 답답하게 만드는 경우가 있어요. 아무튼 완곡한 표현을 좋아하는 일본 사람들이지만, 확신을 가지고 言い切る^{단언하는} 경우 또한 없을 수 없겠지요.

실전 대화

M 巨人と楽天、どっちが優勝すると思う？
W 絶対、楽天だね。命かけてもいいね。
M いやいや、絶対巨人でしょ。負けたらお前に10万やるよ！マジでやる！
W 言い切ったね。約束だからね。

M 자이언츠랑 라쿠텐, 어느 쪽이 우승할 것 같아?
W 절대로 라쿠텐이지. 목숨 걸어도 좋아.
M 아니, 무슨 소리! 절대로 자이언츠잖아? 지면 너한테 10만 엔 줄게! 진짜로 줄게!
W 확실한 거지? 약속한 거다.

표현 활용

+ そんなこと言い切っちゃっていいの？
+ みんなの前で言い切ったからには約束は守ってくれるんでしょうね。

· 그런 일을 단언해도 돼?
· 모두의 앞에서 단언했으니까 약속은 지켜 주겠지.

> ~からには ~한 이상은, ~바에는

DAY 44

決(き)めつける

단정 짓다

미팅에 나갔는데 완전 훈훈한 イケメン꽃미남인데다가, 유머러스하고 친절하기까지 해요. 혈액형을 물어보니 B형이라네요. 갑자기 주위에 여자가 엄청 꼬일 것 같고 왠지 スケベ호색 같아 보여 마음에서 살짝 내려놓았어요. 그런데 알고 봤더니 엄청 성실하고 사랑하는 여자에게 一途(いちず)일편단심인 남자였어요. 아이고, 惜(お)しい아까워라! 잘 알지도 못하면서 선입견 등으로 일방적으로 단정해서 낭패를 보는 경우를 일본어로는 決(き)めつける 라고 합니다.

실전 대화

W 誰(だれ)が盗(ぬす)んだんだろ。
M 絶対(ぜったい)に山下(やました)がやったに決(き)まってるよ。
W 決(き)めつけるのはよくないんじゃないの？
M だってあの時間(じかん)にアリバイないのはあいつだけだろ。

W 누가 훔친 걸까.
M 분명히 야마시타가 한 짓이 틀림없어.
W 멋대로 단정 짓는 건 안 좋은 거 아냐?
M 그렇지만 그 시간에 알리바이가 없는 건 그 녀석뿐이잖아.

표현 활용

+ 一方的(いっぽうてき)な決(き)めつけはよくないよ。
+ 犯人(はんにん)だなんて決(き)めつけないでよ。
+ 自分(じぶん)には無理(むり)だとか決(き)めつけない方(ほう)がいいよ。

· 일방적으로 단정 짓는 건 좋지 않아.
· 범인이라고 단정 짓지 마.
· 나에게는 무리라고 단정 짓지 않는 편이 좋아.

アリバイ 알리바이

DAY 44

問い詰める

캐묻다, 추궁하다

"오빠, 오늘이 무슨 날인 줄 알아?" 여자친구의 뜬금없는 질문에 머릿속이 갑자기 복잡해지는 남자들. '오늘이 무슨 날이지? 100일인가? 아니면 생일? 에라, 모르겠다. 무조건 사과부터 하자!' "미안해." 그러자 여자친구가 고개를 갸웃거립니다. "뭐가 미안한데? 오빠 나한테 뭐 숨기는 거 있어?" 이렇게 여자의 추궁이 시작되면서 급기야 싸움으로까지 번지게 되지요. 問い詰める는 '캐묻다', '추궁하다'라는 뜻인데요, 여자들이 한 번 꼬치꼬치 캐묻기 시작하면 남자들은 정말 난감해진다고 하더라고요. 말로는 절대 이길 수 없으니 처음부터 여자들이 의심할 만한 상황은 만들지 않는 게 현명한 방법이겠지요.

실전 대화

W 彼氏、浮気してるかも。
M 何？証拠でもあんの？
W ないけど、最近コソコソ携帯見るんだよね。
M 怪しいね、問い詰めてみたら？

W 내 남친 말이야, 바람피우는 걸지도 몰라.
M 왜? 증거라도 있어?
W 없는데, 최근에 몰래 휴대전화를 살피더라고.
M 수상하네. 캐물어 보면 어때?

표현 활용

+ 問い詰めたらすぐ吐いたよ。
+ 下手に問い詰めると逆効果だよ。ほっといた方がいい。

· 캐물으니까 금방 실토했어.
· 어설프게 추궁하면 역효과야. 가만 두는 게 좋아.

> コソコソ 살금살금, 소곤소곤
> 吐く 토하다, 자백하다

DAY 45

221 **見当たらない** (찾는 것이) 보이지 않다
222 **見落とす** 간과하다, 못 보고 넘기다
223 **見習う** 보고 배우다, 본받다
224 **詫びる** 사과하다, 사죄하다
225 **償う** 속죄하다, 보상하다

DAY 45

見<ruby>あ</ruby>当たらない

(찾는 것이) 보이지 않다

평소에는 여기저기 굴러다니며 잘만 보이던 물건들이 꼭 써야 할 순간에는 見当たらない(안 보이는) 일이 많아요. 약속시간에 늦어 빨리 나가 봐야 하는데 선반 위에 늘 두던 자동차 키가 안 보인다든지, 본방사수해야 할 프로그램 때문에 TV 리모컨을 급하게 찾으면 늘 소파 위에 얌전히 있던 녀석이 안 보여요. 방금까지 있었는데 정말 미치고 팔짝 뛸 노릇이에요. 아무리 찾아도 안 보이던 물건들이 막상 찾고 나면 너무나 뻔한 곳에 있는 경우가 많아 또 한 번 허탈감을 안겨 주기도 하지요. 이럴 때 '찾던 것이 발견되다'는 見当たる, '찾는 것이 보이지 않다'는 見当たらない라고 합니다.

실전 대화

W 先生、私の上履き見ませんでしたか。
M 上履き? 見てないけど。よく探したの?
W どこ探しても見当たらないんですよ。
M 誰かが履き間違えて持ってっちゃったのかもよ。

W 선생님, 제 실내화 못 보셨어요?
M 실내화? 못 봤는데. 잘 찾아봤어?
W 잘 찾아봐도 영 보이질 않아요.
M 누군가 착각해 신고 갔을 수도 있어.

표현 활용

+ 見当たらないならもう先に帰ったんじゃない?
+ どうしよう、保存したはずのファイルが見当たりません。

· 보이지 않으면 벌써 먼저 돌아간 거 아니야?
· 어떡해, 보관해 놨던 파일이 보이지 않아요.

上履き 실내화

DAY 45

見落とす
간과하다, 못 보고 넘기다

급하게 검토해야 할 보고서. 그런데 헐! 글자 크기 7에 줄 간격 100이라니! 따닥따닥 사이좋게 붙어 있는 활자들을 두 눈 부릅뜨고 몇 번이나 읽어 내렸건만 결국 오탈자를 놓치고야 말았네요. 이렇게 보고도 '실수를 알아차리지 못하고 넘어가다', '못 보고 빠뜨리다'라고 할 때는 見落とす라는 표현을 쓰면 됩니다. 한편, 잘못을 알면서도 눈감아 주고 싶을 때도 있지요. 썸 타는 중인 회사 후배처럼 말이에요. 그럴 땐 '일부러 보지 못한 체하다', '눈감아 주다'라는 뜻의 見逃す나 見過ごす를 쓰면 됩니다.

실전 대화

W 履歴書書けた?
M はい、ちょっとチェックしてもらえますか?
W はいはい。う～ん。あ、ここ性別の欄が抜けてるよ。
M あ、見落としてました。ありがとうございます。

W 이력서 썼어?
M 네, 잠깐 체크해 주실 수 있으세요?
W 그래, 알았어. 으음, 아, 여기 성별란이 빠져 있네.
M 아, 못 보고 넘어갔네요. 감사합니다.

표현 활용

+ 焦ると見落としやすくなるから注意して。
+ 試験時間残り10分。見落としがないか確認して!
+ 信号あったの? もう少しで見落とすところだったわ。

· 조급해하면 빠뜨리기 쉬우니까 주의해.
· 남은 시험시간 10분. 못 보고 넘긴 문제가 없는지 확인하세요!
· 신호가 있었어? 하마터면 못 보고 지나칠 뻔했어.

抜ける 빠지다, 누락하다
焦る 안달하다, 초조해하다

見習う

보고 배우다, 본받다

DAY 45

일본에는 子は親を見習う_{아이는 부모를 본받는다}라는 속담이 있어요. 정말로 아이들은 어른의 행동을 그대로 보고 真似_{흉내} 내며 배우는 것 같아요. 아이들이 지켜보는 데에선 찬물도 못 마신다는 어른들 말씀도 다 일리가 있다니까요. 오늘부터 아이들 보는 앞에서는 부부싸움도 하지 말고, 거친 말도 내뱉지 말고, 바른 말과 행동으로 모범을 보여야 할 것 같아요. '보고 배우다'는 표현은 見習う라고 하는데요. 엄마가 김치 담그는 걸 어깨너머로 배우는 것처럼 단순히 '보고 배우다'라는 뜻과 상대방의 훌륭한 점을 '본받다'라는 의미가 있습니다.

실전 대화

W 今月も赤字だよ。
M 実家暮らしだろ。何に使ってんだよ。
W わかんない。いつのまにか使っちゃってるんだよね。
M お母さん見習って家計簿でも書いたら？

W 이번 달도 적자야.
M 본가에 얹혀살고 있잖아. 어디에 쓰는 거야?
W 모르겠어. 어느새 다 써 버려.
M 어머니를 본받아 가계부라도 쓰는 게 어때?

표현 활용

+ あの子の生き方は見習うべきじゃないと思うよ。
+ 優勝したかったら、もっと先輩を見習うべきだよ。
+ そんなこともできないなんて、少しは姉を見習ったら？

· 저 아이의 생활 방식은 보고 배워서는 안 된다고 생각해.
· 우승하고 싶으면 좀 더 선배를 본받아야 해.
· 그런 것도 못하다니, 조금은 언니를 본받는 게 어때?

赤字 적자
家計簿 가계부
生き方 생활 방식, 생활 태도

詫びる

사과하다, 사죄하다

친구와의 약속시간에 살짝 늦었을 때에는 ごめん^{미안}이라고 가볍게 사과를 하면 됩니다. 길 가다 툭 하고 옆 사람과 부딪혔다면 すみません이나 ごめんなさい^{미안합니다} 정도로 미안한 마음을 전하면 되겠지요. 당일 쓸 회의자료 원본을 복사기에 넣는다는 게 아이쿠! 그만 파쇄기에 넣어 버렸다면, 이마가 무릎에 닿도록 고개 숙여 몇 번이고 상사에게 申し訳ありません이나 申し訳ございません^{죄송합니다}라고 정중하게 사죄를 해야겠지요. 사과 표현은 상황이나 상대에 따라 적절하게 구분해 써야 해요. 詫びる는 '사과하다', '사죄하다'는 뜻인데요. 엄청 격식을 차려 사죄할 때는 お詫び申し上げます^{사죄의 말씀 드립니다}라는 표현을 많이 쓰니 알아 둡시다.

🐵 실전 대화

W お父さんの大切にしてた湯のみ割ったんだって？
M うん、すげえ怒っててさ。俺もう家に入れてもらえないかも。
W 詫びなよ。もうひたすら詫びるしかないよ。
M う～ん、それだけで許してくれるかな。

W 아버지가 소중히 여기던 찻잔을 깨뜨렸다고?
M 응, 완전 혼났어. 난 이제 집에 못 들어갈지도 몰라.
W 사과드려. 이제 계속 비는 수밖에 없어.
M 으음. 그걸로 용서해 줄까.

🐵 표현 활용

+ 子供に代わって親が詫びるべきでしょ。
+ 詫びれば済むって話じゃないでしょ。

· 아이를 대신해서 당연히 부모가 사죄해야지.
· 사과해서 끝날 이야기가 아니잖아.

湯のみ 찻잔
ひたすら 오로지, 그저
済む 끝나다, 해결되다

DAY 45

償(つぐな)う

속죄하다, 보상하다

償う는 '속죄하다', '보상하다'란 의미입니다. 예로부터 일본에서는 죽음으로써 속죄하는 것을 미덕으로 여겼어요. 사무라이는 전쟁에서 패하거나 무언가 책임을 져야 할 상황에서 자신의 배를 가르는 切腹(할복)을 해서 속죄를 했다고 합니다. 일본의 버블경제 붕괴 후 도래한 경제침체기 시절에 회사가 도산하면 사장들이 책임을 통감해 건물에서 飛(と)び降(お)り自殺(투신자살)을 하는 경우도 많았답니다. 이런 식의 죽음이 우리네 정서로는 도통 이해가 되지 않지만, 일본인들은 미덕이라고 여긴다 하니 역시 가깝고도 먼 나라가 맞는 말이네요.

실전 대화

W この前(まえ)の通(とお)り魔(ま)事件(じけん)の犯人(はんにん)、無罪(むざい)だってよ。
M なんで？ あんなに人殺(ひとごろ)したのに？
W 精神鑑定(せいしんかんてい)で責任能力(せきにんのうりょく)なしって判断(はんだん)されたんだってよ。
M 信(しん)じらんない。あーゆーやつは死(し)んで償(つぐな)った方(ほう)がいいよ。

W 얼마 전에 묻지 마 범죄의 범인, 무죄래.
M 왜? 그렇게나 사람을 죽였는데?
W 정신감정에서 책임질 능력이 없다고 판정을 내렸다던데.
M 믿을 수 없어. 그런 녀석은 죽어서 속죄하는 게 나아.

표현 활용

+ あの調子(ちょうし)じゃ償(つぐな)うつもりなんてさらさらないだろうね。
+ この償(つぐな)いは一生(いっしょう)かけてもいたします！
+ この罪(つみ)は償(つぐな)っても償(つぐな)いきれないよ。

· 저 상태라면 속죄할 생각이 전혀 없는 거네.
· 이 속죄는 평생에 걸쳐서라도 하겠습니다!
· 이 죄는 아무리 속죄한다 해도 다 갚을 수 없어.

通(とお)り魔(ま)事件(じけん) 묻지 마 범죄
さらさら (부정어와 함께) 결코, 조금도

일본인이 가장 많이 쓰는 일본어 표현 300 vol.2

초판 1쇄 발행	2015년 04월 25일
초판 4쇄 발행	2019년 05월 30일

지은이	임승진, 미즈하라 유우
펴낸이	홍성은
펴낸곳	바이링구얼
교정·교열	홍희정
디자인	이초희
출판등록	2011년 01월 12일
주 소	서울 마포구 월드컵로31길 58-5, 102호
전 화	(02) 6015-8835 팩스 (02) 6455-8835
메 일	nick0413@gmail.com
ISBN	979-11-85980-02-7 13730

• 잘못된 책은 구입한 서점에서 바꿔 드립니다.